ごんごんの保育笑説

みんな子どもが教えてくれた

桜井ひろ子

ひとなる書房

プロローグ　大人になれない保育士

「それで、ごんちゃんにとってバジは師匠なわけ？」

「そうね。うん、師匠だね、人生の」

かん太はうまいことを言うもんだと感心していると、また言葉が返ってきた。

「バジのどこがいいわけ？」

「あのね、初めて会ったとき、『ふ～ん、ふ～～ん、あっそう～～』って相槌打つだけで、こっちの話聞くだけなんだよね。話すほうはその相槌の間、自分で考えを整理できるんだよね。すごいよね」

そこまで言って、ごんごんの頭に保育園でかん太を担任していた三十年前が蘇った。

「私はさ、あんたたちにそんなふうにはしなかったよね。ワーワーワーッてしゃべりまくって、息つく暇なくどこかへ吹っ飛んでいってたよね」

「うん、そうだね」。ちょっと間をおいて、

「でも、言ってることに何のルール、法則もなかったから、俺たち自由に好きなことしてたから心配しないで。大丈夫だよ」

「ギャハハハ……」

ギャラリーにかん高い笑い声が、幾重にも響き渡った。

かん太は二〇一〇年六月、東京・文京区のシビックホールのギャラリーで開かれている「ネパールの子どもたちの写真展」に妻と一緒に出かけ、保育園で担任だったごんごんに再会した。ネパールから帰国したばかり、成田空港から直行した、真っ黒に日焼けしたごんごんが、あの頃のままでそこにいた。ギャラリーには四方から自分たちを見つめるネパールの子どもたちの写真があった。どの壁からも笑い声すら聞こえてくるような感じさえあった。

「おいで、おいで。おもしろいよ」

今すぐにでも、仲間にしてもらえそうな、中に入り込んでしまいそうな、子どもたちの写真が並んでいる。よく見ると、ピントが甘かったり、構図がぶれていたり、写真展といえる写真ではないような気がするが、それがかえって誰をも吸い込んでしまいそうな心地よい隙間を感じさせてくれる。不思議な居心地のいい空間だった。

ネパールの子どもたちが、まるで、かつての自分たちのようで、何のためらいもなく、タイムスリップして、あの時代のごんごんの瞳と向き合っているような気分だった。

ただ、違っているのは「ふ〜ん、ふ〜〜ん、ふ〜ん」と聞いてくれる、まるでごんごんとは正反対のOKバジ（垣見一雅氏。一八年前からネパールで暮らす日本人）が対角線上で誰かと話をしている姿があることだ。

かん太たち子どもにとって「ごんごん」は不思議な存在だった。大人だか子どもだかわからないようなところがあった。夢中になると子どもそっちのけで好き勝手をやり出し、ときどき、子どもに正論を説かれて、ショボンとなって平謝りになる。「そんなことをするなんて許せない！」と子どもたちに雷を落としていたかと思うと「えっ、そうじゃないの？　あら、違ったの？　ごめんね、怒って」と慌てたり、率先していたずらをして『園長先生に怒られるよ』と子どもにいさめられたり、めちゃくちゃだった。でも、そんなごんごんのことがいつも気になる存在で、子どもたちは「怒ると怖いけどおもしろい」と言って仲間に誘い込んでいた。ごんごんは子どもたちにとって『先生』では決してなく『ごんごん』なのだ。なかなか大人になれないごんごんなのだ。

「ごんごん、大きくなったら、何になりたいの？」

「ごんごん、俺たち卒園するけど、一人で大丈夫か？」

誰もが愉快な友達として慕う一方、誰にとっても、ごんごんはほってはおけない心配の種だった。

もくじ●ごんごんの保育笑説　みんな子どもが教えてくれた

こんこんの
保育笑説

第1章

みんな子どもが教えてくれた

回り道をしながらたどり着いた保育士の道は、子どもたちとの出会いで、それまでの自分の価値観がひっくり返された気分だった。同時に、子どもたちの後追いをしながらの保育の日々は、まるで子どもが先生であるかのような驚きの発見と感動の連続だった。ピアノが上手でなくても、遊びの達人でなくても、絵が描けなくても、子どもたちの感性に体当たりしながら、ぐっちゃになって絡み合いながら何かが見えてきた。何かが輝き出してきた。みんな子どもが教えてくれた。そして、子どもが育ててくれた。保育士としてのあゆみはそんな道のりだった。

子どもたちが先生になった日

高校を卒業して、民間会社で働きながら、国家試験で当時の保母資格をとったごんごんが、保育の仕事に就いたのは二十六歳の夏。仙台のある職場保育所との出会いからだ。母親が安心して働き続けられる職場保育所がほしいという運動でそこは生まれた。そして、やがて、子どもが安心して育っていける環境が課題となってきていた。この現実を憂い、当時、産休明け（生後四十三日目）からの赤ちゃん八人を二人の保育士で保育していた。保護者が一日部屋の隅に座り、一切子どもたちに手をかけることなく、子どもと保育士の動きを記録した。オムツ替えは何分間間隔か、泣き騒ぐ子どもが何分後に声をかけてもらえたのか、鼻と涙がグショグショになっている現実に心を鬼にして、手を貸さず記録に徹した。片手で抱っこした子どもにミルクを飲ませ、泣いている子に片手で手遊びをしてあやす。後に、保育士はそのころの子どもは手遊びを片手でしかしなかったと笑って言った。

保護者の涙ながらの努力の記録を持って、設置責任者と話し合い、三対一の子ども対保育士の体制が認められ保育士の増員となった。その、タイミングにごんごんが滑り込んだ。一日違いで、新卒の若い保育士が応募してきたとあとで知って、ごんごんはほっと胸をなでおろし、それ以外の関係者、特に設置者はちょっと悔しがったらしい。

一般企業で働いていたごんごんは翌日から、いきなりゼロ歳児担当ではりきった。

「私は保育士、さあ〜今日から子どもたちのために何でもやってあげるわよ」

赤ちゃんを抱いて保育室にやってきたお母さんに精一杯の明るい声で「おはようございます」と両手を差し出した。ところが、赤ちゃんを渡してくれない。

「あら、新米ね」

「ハイ、桜井です。よろしくお願いします」

その声はもうしどろもどろ。お母さんは新米に子どもを預けてはくれないのではと落ち込んだ。ところが、

「じゃあ、よろしくね」

お母さんは明るい声でそういうと、ごんごんの腕にぽんと子どもを乗せ、踵を返した。

「行ってらっしゃ〜い」

嬉しくって、お母さんに負けないくらい明るい声で見送った。

ここはいったいどういう保育園なんだろう。

ごんごんもだいぶ慣れてきたころ、数人の新しい子が入ってきた。それから一ヵ月も過ぎようとしている頃、担任のリーダーが休みで、ごんごんともう一人の職員の臨時体制となった。朝の日課は家庭と園の往復「連絡ノート」を読むことから始まる。よう君のお父さんの記録が気になった。『洋一はまだ園に馴染んでいないのでしょうか。表情が硬いのが気になります。どうしたらいいのでしょうか』。よう君のことは私も気になっていた。なかなか笑顔になってくれない。何とかしなくちゃと

ちょっと気持ちが焦った。同時にリーダーがいないのにどうしようか、ノートの返事に迷った。迷ったが、不安なよう君とノートの返事をそのままにはできない、と思い『私も少し感じるところがあります。よう君が安心して過ごせ、笑顔になれるよう、接し方を配慮していこうと思います』と書いた。翌日『よろしくお願いします』と父親の記があった。

二日後、リーダーが出勤し、そのことを報告した。

「どうして一人で、誰にも相談せずに返事を書いたの？」

「えっ、相談て……私も、そう感じていたし……」

「それは傲慢よ」

その言葉がどういう意味なのかを考えるゆとりも、もちろん質問するゆとりもなく「はい、すいません」というのが精一杯だった。

その場に無言のピリオドを打って、ごんごんはトイレに立った。止めどなく涙があふれ、トイレの中で泣きじゃくった。でも、何を謝ったのかさえ自分で自分に釈然としないまま保育に戻った。

このことは再び話し合われることもなく、いまだにごんごんの心の中に宿題を抱え込んでいるような気分でいる。でも、その後の、長い間の職員の保育、子どもの発達のとらえ方、関わり合う大人すべてと手をつないで育て合う保育観に立つこの園の取り組みが、時を経た今、すべての解答を示唆しているとも思えてくる。

そして、このことはごんごんに、何物にも代えられない保育の神髄とも言える大きなことをもたらす要因となった。

「よう君が早くこの環境に馴染んで自分を出せるようになってほしい。肩に力を入れずきゃっきゃっと笑えるよう君であってほしい。よし、毎日向き合って私が笑わせてやろう」

気負って肩にいきなり力が入ったと自覚できる力量は、そのときのごんごんにはまったくなかった。手遊びをしたり、玩具を出したり、必死で工夫しているごんごんの努力は独り相撲、いや、それどころか、よう君は向き合えば向き合うほど表情が硬くなってくるように感じられる。

そんなある日、午睡から目覚めたベッドで、子どもたちの笑い声が聞こえた。振り返ると目覚めたよう君が姿勢を変えずにあお向けのまま、天井を見て笑っている。隣のベッドは？「とし坊だぁ～」。とし坊が柵につかまって隣のよう君のお腹の上のバスタオルをちょっとひっぱっている。自分のお腹の上のバスタオルがちょこっちょこっとずり動くたびに、よう君がとし坊を見て、目が合うと二人がきゃっきゃ笑い合っている。最後は、気をよくしたとし坊が、宙高くバスタオルを舞い上げた。よう君の表情と笑い声は絶好調、全身が揺れていた。

脱帽だ。とし坊とよう君の関わり合いに脱帽だ。何かを『してあげる』という傲慢な自分を気づかせてくれた二人に脱帽だ。

「今日から子どもたちが私の先生。同じ床の上に立って、とにかく子どもの後追いに徹しよう。困ったことはきっと子どもが教えてくれる」

その日から先生は子どもたちになった。楽しかった。

毎日が発見の連続だった。とし坊がはいはいでベッドの下にもぐる。よう君が後を追う。ほかの子も加わる。大きな体を小さくしてごんごんが必死で追う。とし坊がベッドの下の埃をかぶった糸くずをひっぱる。ほこりが舞い散る。みんなが笑う。無理もない、自分が働きかけることで、その物体が変化する。それが面白くてたまらない。みんなが笑う。『お前もやってみろ』と目が語る。よう君がそれに応える。糸くずを探してひっぱる。ほこりが舞う。大きな笑いが起きる。今度は『ごんごんやって』とよう君の目がごんごんの目を射止める。ごんごんはぶるぶるっと心を震わせながら糸くずをひっぱる。『ほ〜ら、おもしろいだろう』とよう君がごんごんに視線をもう一度返す。この視線が『ごんごんと今日から仲間だよ』というよう君の言葉に思え、ごんごんは泣いた。

「先生、毎日子どもたちとおんなじことしてよく飽きないね」

送迎の保護者があきれて声をかけるほど。

『面白いんだってば。お母さん（お父さん）もやってみて』

時には禁止されている所に忍び込んだり、やってはいけないことに挑戦したり、どっちが子どもなんだかとあきれかえられ、周囲の大人を困らせながら、保育士一年生は、真面目な保育士としてのよろいを捨てて、子どもの後追いをしながら学び、少しずつ育っていった。

呼び捨て

生まれて間もなくから受け入れる保育園での暮らしは、園丸ごと大家族同然だった。厳しい共働きの環境は、否が応でも他人の協力なしでは過ごせなかった。逆に言うと、なりふり構わず他人にすがることで親も子も肩の力を抜いて、笑っていられた。そして、保護者も職員も子どもたちも、わが子やきょうだいのごとく、子どもの名前の呼び捨てはあたりまえのように飛び交っていた。

ごんごんは最初からごんごんであった訳ではない。かん太がまだ言葉を言えなかった頃、ごんごんは「さくらいせんせい」だった。だが、かん太は「さくらいせんせい」と呼んだ記憶があまりない。無理もない、「さくらいせんせい」がごんごんになったのはかん太が二歳の頃だった。

何の枠も持たない子どもたちにとって「さくらあ〜い」とごんごんを呼ぶのはごく自然なことだった。本人も何の抵抗もなく「さくらい」でいた。耳障りに感じたのは保護者と職員。次第に膨らむ違和感は、ついに職員会議の議題となった。誰もが百パーセント肯定も否定もできないまま、答のない会議が続いた。しかし、会議のたびに桜井は孤立していく自分を感じ、気が重くなる。かといって、自分のほうから枠を作る気は毛頭ない。職員会議では「さくらいと呼ぶ子どもたちの内面を受けとめてほしい。ルールを守ることや相手を尊重することとは矛盾しない。それを子どもたちができないときは、私の保育の問題として対応していく」と小さな声で言い続けた。その一方で、子どもたちの中に入ると、何のためらいもなく「さくらい」の世界にはまりこんでいた。

しかし、子どもたちの中でも「さくらい」と呼べない子どもの存在が気になっていた。一人は発達がゆったりで、言葉もゆったり、子どもたちのペースについて行けず、いつも遠巻きにみんなを見ているなお子。もう一人は、考える力、感じる力を持ちながら、自信なげで仲間の中に入ることをためらっているかのような消極的なゆうすけ。そして、ダウン症のたくみだった。

どの子にもみんなと一緒に楽しく遊ぶ姿がほしかった。保育の工夫をしながら誘い込んだ。そんなある日、なお子が「さ・く・ら・い、あのね……」と話しかけてきた。その声にぞくっとして、小躍りする自分の気持ちを抑えてできるだけ平静を装った。なお子は「ふふふ……」と笑いながら小走りに去った。その先に遊んでいる子どもたちの群れを確認した時、それまでかかっていたもやが晴れ渡ったさわやかさを感じた。時を同じくして、ゆうすけも「さくらい、あのね……」とやってきて、そして子どもたちの仲間に加わった。不思議な気がした。何が「さくらい」と呼ぶきっかけとなったのか。何が壁だったのか、呼ぶことで、なぜ子どもたちの仲間に入っていけたのか。「さくらい」を共有できた安心感があるのだろうか。わからない。

かん太の母親は、毎年恒例となっている親子お泊り会の夜の席で「さくらい」論争になったとき、誰もがはっきりと肯定できないまま、否定論に覆われ、孤立するごんごんが、涙ながらにこの二人の子どもの話をしたとき、「こういうこともあるのだ」と納得したという。そういうことが忌憚なく、いつも立場を超えて議論し合えるこの保育園が、誰にとっても居心地がいいのかもしれない。かん太には記憶にないことでも、こうして後々、大人たちが何かの折に口にする保育園の出来事を耳にしながら、かん太はかん太で保育園のおさらいをし、成長してきたのだろう。

しかし、それでことが解決した訳ではないのはもちろん。空恐ろしい決定打が待ち受けていた。

夕方のお迎えの時間。もも子はごんごんに夢中で話しかけていた。「さくらい……だよ。さくらい……」、迎えの父親が登場して場面は一転。「もも子〜、何ですかさくらいとは。桜井先生でしょう」

ごんごんは必死で言葉を挟んだ。

「お父さん待ってください。それは私に言ってください。呼び捨てを容認しているのは私ですから」

「いいえ、保育園には保育園の教育方針があるかもしれませんが、我が家には我が家の教育方針があります。呼び捨てはいけません」

もも子が大声で泣き出した。もうごんごんにはどうすることもできず、泣いているもも子を引きずるようにして帰宅する後ろ姿を見送るだけだった。

それまで、絶対子どもの内面に寄り添うと、孤立することを恐れなかった自分が、グサグサッと音を立てて崩れ落ちる衝撃を感じた。このことで、もも子の心をめちゃくちゃ混乱させてしまう、傷つけることにすらなることが空恐ろしかった。かといって、今日を境に「さくらいせんせいと呼んで」と子どもたちにお願いすることも不自然。悶々とした夜を過ごし、いつもより早く出勤した。解決策を思い当たらないまま、重い心で。

もも子と父親の姿が玄関先に見えた。足に思わず力が入った。

「ごんごん、おはよう～」もも子が笑顔でごんごんに近づく。父親が「おはようございます」と笑顔で言う。狐につままれた思いで「おはよう、ももちゃん……」と調子の抜けた声……。

ごんごん？　ごんごんって何？　何にもわからないまま、「さくらい」はその日から「ごんごん」になった。『ねこのごんごん』という野良猫の物語の絵本があることをだいぶあとで知った。絵本好きなもも子の家にあったのか問うこともないまま時が流れた。ごんごんは呼び捨てにも関わらず、誰の心にも暗い影を落とすことなくまかり通っていった。「ごんちゃん」「ごんごん先生」大人たちは相変わらず面白い呼び名を求めながら、以前の不自然さを払いのけ、誰もがさわやかだった。

何にも解決がついていないとも思う。いまだに宿題を抱えているとも思う。でも、子どもの内面を大事にし、表面的良し悪しにとらわれず、話し合いを徹底的に続ける大人集団であったことは、大きな救いであり、何物にも代えがたい大きな宝物であると思える。

わがままか自己主張か

二歳児クラスのようへいは体も大きく、要求も大きく、友達同士の遊びの中でも我が物顔だった。

ある日の散歩。

子どもたちは門の前で自由に二人ずつ手をつないで並んでいた。先頭の位置は子どもたちに人気で、誰でも早く来た子が先頭になれた。その日はゆう子だった。そこへ、ようへいが駆けこんで来て「おれ、せんとうになりたい」と割り込んだ。「だめだよ。わたしだよ。さきにきてたよ」のゆう子の言葉に耳を貸さず実力行使。そこで、ごんごんが間に入り、ようへいにゆう子の言い分に耳を貸すよう伝える。でも、ようへいはゆう子の顔を覗き込みながらも「せんとうになりたい」と語気荒く言い張る。何度か押し問答の上、ゆう子が「じゃーいいよ」と譲ってくれた。ごんごんはちょっと迷いながらも、ゆう子の気持ちに感謝した。「よっぺちゃん、ゆう子ちゃんが譲ってくれるって、よかったね。でも、帰りはゆう子ちゃんが先頭ね」「うん、いいよ」ようへいが明るくうなずく。

帰り、いつになく早々遊びを切り上げたようへいは「ゆうこちゃんがせんとう!」とその位置をゆう子のために確保していた。

翌日、その日の日誌を読んだ園長に「これはよっぺちゃんのわがままを助長させることではないの」と問われた。職員会議の話題にもなった。「わがままの容認だ」「ようへいに甘い」「他の子どもの気持ちはどうなるのか」とも言われた。でも、うまく説明できなかったが、ようへいがようへい自身の力で理解するまで、まわりの子の力も借りながら、わがままととる前に自己主張として対応したいと、保育士としての気持ちを伝えて会議を終えた。

こんなこともあった。

ミニカーを持って遊んでいるようへいを、まいが「ようへい、まて~ばかやろう」と泣きながら追いかけている。どうもらちがあきそうもなく、どうしたのかと間に入ると「よっぺちゃんのもっているしんかんせんがほしい」という。見るとようへいは新幹線のほかに二台も持っている。「よっぺちゃんはひとりでみっつももっていてずるい。みんなのものだからひとつかして」と、まいがもっともな意見を言った。「よっぺちゃん、まいちゃんに一台貸して」「だめ」「どうして？」「だって、さんだいつかってるもん」その言葉ではっとした。ついつい『みんなのもの』という言葉を大上段に振り上げて、「なかよく一台ずつ」と制しがちな保育士の価値観が、そのとき、ひんやりとよこぎり「そうか、まいちゃん、ごめん、よっぺちゃん三台使っているんだって。まいちゃん我慢して、ちょっとごんごんと待っていよう」とひざの上に抱き寄せた。「わがままか、甘さか」自問自答しながら、ごんごんはようへいにたずねた。

「ね、三台、どうやって使ってるの？」

「あのね、これとこれがいまはしるの。おでかけ。こっちはしゃこにはいっているの」

ごんごんの目には左右の手の中にある二台しか使っていないと見えたが、ようへいにとっては車庫の車も大事な遊びなのだ。一台は使ってないから貸してと強引に取り返さなかったことにごんごんはほっとした。ようへいが二台の車で一回りして来た後、車庫の車を交替して再度出発。

「ね、よっぺちゃん、今帰ってきた車庫の車まいちゃんに貸してくれない？」

ようへいはチラリと車庫に目をやり、「あ〜いいよ」と二台を持って走り去った。

まいこはその一台をもってようへいの後を追って一緒に遊び出した。あっけなかった。思いの強いようへいがこんなにあっさり貸してくれるなんて……どうして？

子どもたちが楽しく遊ぶ傍らでごんごんは考えた。

ようへいは三台使っている自分の思いが受け入れられて遊びを続け、その満足感がほかの子の思いを素直に受け入れる力になったのだろうか。力ずくで自分の思いを通そうとしてきたようへいが、いろいろな子ども同士のぶつかりや葛藤を経て、自分の力で理解して自己コントロールする力をつけた。誰からの押し付けでもない、本物の力をつけているように思えた。

わがままか、自己主張かの見極めが必要なのではなく、そのときの子ども同士、人と人との関係に気づいていけるような援助をすれば、子どもは、子どもの力で理解して育っていくのだとごんごんも納得した。結果を急ぎすぎず、子どもたちに委ねようと、思いを新たにした。

ぷっつんひろちゃん

ひろとは元気な三歳児。でも、じっとしてひとつのものに取り組む力が弱く、何をやっても「できない、できない」と泣き騒ぐ。パンツがはけない。自分の当番の順番が回ってこない。お母さんの顔が描けない。ひろとの大騒ぎの元は生活すべてにあった。

体を動かして遊ぶことが好きで、いつも外に飛び出している。三輪車を見つけて、猛スピードで直進する。塀に思い切りぶつかっては方向転換ができずに大泣き。また別の三輪車を見つけて、猛直進。庭のでこぼこにつまずいて三輪車が倒れると、起こして続行することができずに大泣き。何をやるにも「できない、できない」の嘆きが先立った。そのうえ、できるようになりたいというこだわりはなく、直面しているできないことから逃れられればそれですんでいた。

そんなひろとを「ぷっつんひろちゃん」と呼び、「ちっともひろちゃん変わらないよね」とごんごんは嘆いていた。

「あら、そうかしら」。当時、現場に入っていた研究生が一言ポロリ。ごんごんは突然焦った。「そうかしら？」ということは、彼女はひろとの成長を何かつかんでいる。なぜ自分には見えないのか焦った。どうしたらひろとの成長の証が見えるのか。ごんごんはその日から、ひろとの行動を記録することにした。

あ〜ひろとが庭で泣いている。チャンスチャンス！　そばに行くと、ともきの乗った三輪車がほしいと奪い合いをしていた。「おっ、今日は一台の三輪車にこだわっている」とちょっと違った感覚でひろとをとらえた。「よし、二人での順番を伝える絶好のチャンス」と保育者らしい意識に自分で満足した。

「ひろちゃん、どうしたの？」

「これ、ひろとのさんりんしゃ」

「ちがう、ぼくがつかってたの」

「ひろちゃんも同じのがほしいの？」

「うん」

「じゃ～ともちゃんにお願いしよう。順番こで貸してって」

「ともちゃんかして～」

「いいよ、じゅんばんこね」

ともきが快く応じてくれてほっとしたが、ごんごんはひろとを先にしないと順番は成立しないと焦った。

「いいよ」

「ともちゃん、順番、先にひろちゃんに譲って」

その場を交替の駅にして、ひろとが三輪車に乗って出発した。

「いってきま～す」

園庭を一回りしてひろとが駅に戻り、嬉しそうにともきに手渡した。

「やった～、順番ができた～」とごんごんが喜んだのは一瞬だけ、ともきが去った途端、「こない、こない、ともちゃんがこない」と泣き出した。どんな言葉も慰めにはならず、ともきの帰りを待てず、泣きながら走り去った。

「ぷっつんひろちゃんはやっぱりぷっつん」

その日の日誌に悲しい記録を綴った。

そして、数日後、園庭で同じような場面に再度直面。できるだけ冷静を装いながら順番こを提案。駅を決めてひろとが出発。駅に戻ってきたひろとがとしふみにタッチ。

「あ〜としくんいった〜〜。あ〜としくんてつぼうのところにいる〜」

「あ〜くるくる〜、ひろちゃんのとこにとしくんくる〜〜」

としふみの行動を解説しながら、ひろとが笑って順番を待っている。

何があったの？　何が変わったの？　狐につままれたような思いでごんごんはその様子を追っていた。

「こんどはひろちゃんいってきま〜す」

ひろとが三輪車で走り去った。としふみが待つ。交替する。ひろとが駅で待つ。順番こを守って、楽しく遊びが続いている。

なぜ、順番が守れたのか分析できないまま、その出来事を日誌に書いた。書いた後、前回の記録を読み直した。

「わかったぁ〜」

前回の駅は、いったん出発したら園庭がまったく見えなくなる位置。ともきにタッチした途端、ともきはひろとの視界から消える位置。今回はとしふみが出発しても、一部始終ひろとの視界に納まる見通しのきく位置。ごんごんは愕然とした。目に見える見通しが心に与える影響の強さに愕然とした。見通しがもてないことが、どんなに不安を巻き起こし心の動揺を呼び起こすのか、ひろとの今までの「できない、できない」という嘆きがごんごんに襲いかかった。ひろとのつまづき、どんな援助を求めて叫び続けていたのか、ちっともわかっていなかった自分が恐ろしくなった。「ぷっつんひろちゃん」は子どもではなく、保育士のほうだとやっと気づいた。

ひろとは一つひとつ、小さなステップ、きめ細かな援助を求めているのだ。それに気がついたらひろとの行動がよ～く見えてきた。一瞬の出来事を境に、まるで自分が生まれ変わったかのようにひろとの心が見えてきた。

駅を決め、順番を待ち、守れたということが、第一に絵に変化をもたらした。「かけない、かけない」「おばけ、おばけ」と渦巻きで塗りつぶしていた絵が丸になった。出発した基点に見通しを持ってたどり着き、しっかりとした丸を描いた。保育の原点を学び返すような現象だった。丸を描いたひろとは「おかあさん、おかあさん」と喜んだ。ひろとは丸だけで充分だった。欲張りなごんごんは、ごんごんの顔を示し、何があるか問うた。

「あっ、めだ。まゆげもある～、くちもある～」

昨日までのひろとがうそのように力を発揮し輝き出したと思った瞬間、以前のひろとに逆戻り。

「はながかけない、はながかけない」と騒ぎ出す。でも、ごんごんはちょっと落ち着いて、

「ホラ、目の下に何がある?」

「……はな……、でもかけない、かけない」

「口の上に何がある?」

「はな」

「そうだね、目の下で、口の上にあるのが鼻だね～」

「……かけない……」

「耳はどこ？　耳と耳の間に何がある？」

「はな」

まじまじと、ごんごんの顔を見て、ひろとは一つひとつ確認し、

「わ～おかあさんのはなだ～、おかあさんだ～」

と、描いた紙を高々に振り回して喜んだ。ひろともごんごんも驚喜の乱舞だ。

その日の夕方、お迎えの母親の姿を見つけて、まずひろとが壁に貼った絵の前にお母さんと一緒に走り寄った。初めてひろとが母の顔を描いた絵を見て、涙を流して喜ぶお母さんの後ろ姿を見ながら、ごんごんは「ぷっつんひろちゃん」と称したことを心の中で泣きながら謝った。

それから、自分の当番が回ってこない嘆きは、ごんごんが当番表を貼り替えたことで、いともあっさり解決した。それまですべてを重ね合わせていたものを、全部壁に並べて貼り、その日の当番に花の飾りを付けた。ひろとは毎日それを見ては「○○ちゃんと△△と□□ちゃんのあとにひろとのとうばんだ」と楽しみに待つことができた。

当番の日に、ごはんと味噌汁とおかずを配ることが理解できず、二つ配って終わりにしていたが、味噌汁が足りないことを伝えると、机の下やら、ゴミ箱やらを見てうろうろして探していた。そんなひろとを嘆いていたが、今のごんごんはどうしたらいいか、もうつかんでいた。給食当番用の三角お山。ごはん、味噌汁、おかずの位置を絵にして壁に貼った。ひろとも何がないかをその絵と照らし合

ひろとが描いたごんごんの顔

たくみが描いたごんごんの顔

子どもたちとごんごん

わせて自分で考える。今では、その絵は自分の頭の中にしっかりとあり、壁の絵を必要としなくなった。味噌汁を探してゴミ箱を覗き込んでいる姿は、今では遠い笑い話である。

目で見て見通しを立てたり、前後左右などの関係をとらえる言葉の理解は、物事の考え方、友達関係にも変化をもたらした。自分の前後左右にいる友達が誰であるかの認識から、何をしているか見るようになり、どの遊び仲間に声をかけようか思案しながら友達関係を作っていった。

「まぜてくれない」「かしてくれない」「わからない」と嘆くことはあっても、「どうしたらいいの?」とすぐには投げ出さず、大人に助けを求めたり、自分で考えようとするようになった。

ひろとは、子どもたちがあたりまえにクリアーしていく発達の節目、小さなステップを一つひとつ、コマ止めでごんごんに教えてくれた。何をどう援助すればいいのか気づかせてくれた。

その後、地域の保育研究会で、この実践を語るチャンスが訪れたとき、お母さんにも参加してもらった。ひろとは私の先生であることを実践を通して語った。翌日、お母さんはその日の気持ちを率直に語ってくれた。「実践報告はきっと、生育歴、家庭環境、育ちが前提で語られるだろう。行きたくないという気持ちに鞭打って参加したが、それのどれにも、ただの一言も触れられず驚いた。こんなに丁寧に保育してもらっていると思ったら、泣けて泣けてしょうがなかった。先生、ありがとうございます」といって涙をこぼした。

「先生、ありがとう」

その言葉は、ごんごんが「ひろと先生」に言わなければならない言葉だ。今でも「ぷっつんひろちゃん」を笑って思い出しながら、自分のいたらなさを詫び、ひろと親子に感謝すること大である。

「ごんちゃん、ずるい！」

夕方の鬼ごっこ。三歳のひろきが鬼の前をうろうろ……「つかまえて！」といわんばかり。鬼は鬼でそんな友達は無視。逃げ回る手ごわい相手を追い回す。ついにひろきは泣きながら「おにになりた～い、おにになりた～い」と鬼を追う。必死で逃げ回っていたごんごんが捕まる。ごんごんは泣き騒ぐひろきがちょっぴりうるさくなり、静かにする思いでひろきを捕まえた。ひろきが「つかまった～」と歓声をあげると同時に、四歳のなお子が「ごんちゃんずるいよ、にげないひとつかまえないで！」と怒った。すると五歳児のなりとしが「なんだ、なおこ、せんせいにずるいなんていうな」と注意した。それにむっとしたごんごんが「何で？ なおちゃんは私がずるいと思ったから言ったんでしょ。何で怒るのよ」。言い返すと、なりとしは、何で正論が否定されるのだと怪訝な顔をした。ごんごんはめちゃくちゃだ。

ごんごんは自分の行為はさておき、「大人の言うことを聞け」的な言葉に抵抗を感じる。送迎の保護者が、玄関口でわが子に「先生の言うこと聞いて、いい子でいてよ」という言葉かけを聞こうものなら、あとを追いかけて「今の言葉ちょっと違います。私は子どもに言うことを聞いてとは言ってません。私の言うことが正しいと思ったら聞いてもいいけど、間違っていると思ったら聞かないでほしい。何が間違っているか言ってほしいと言っていますから。いい子っていうのは抽象的で子どもがどうしたらいいのか、本当に迷う言葉ですから」とたたみ込んでいる。保護者は苦笑いをしながら園をあとにする。なりとしもそんな思いでごんごんの言葉を聞いていたに違いない。

それにつけてもなお子のそのあとの対応が見事だった。

「ひろき、ごんちゃんがつかまえてくれたからひろきおにだよ。でもね、つぎだれかをつかまえたらこんどはほんきでにげてよ。ほんきでにげないとおにごっこっておもしろくなくなるよ」

「うん、わかった」

ひろきは本気で友達をつかまえて、今度は本気で逃げた。とっても、いい表情で。

あ〜またなお子に勝負あり。静かにしてほしくてつかまえたごんごんは、鬼ごっこのルールをひろきに伝えたなお子に脱帽だった。

勝負は負けたくない

ごんごんはどちらかというと外で元気に走り回ることが好きだ。サッカーやドッチボール、鬼ごっこなどお手の物だ。子どもより本気になって勝負にこだわる。子どもたちは「大人だから勝つの決まってる、ずるい」と思いながらも、何とか勝てそうな気もあり、団結して対抗してくる。それでもかなわないと「ごんごんはまぜない」と子ども同士の共同戦線を張ってくる。それでもときどきつまらなくなったり、どうしても勝ちたくなると、自分のチームにごんごんを引き込もうとする。そうなると子どもたちの知恵と団結は巧みになってくる。その面白さと、ゲームの勝負の面白さが加わって、子どもたちもごんごんも毎日毎日、遊びの中で勝負事を繰り広げるのだ。

近年、勝負事というとナンセンスと思われたり、競争を否定して、運動会でも徒競走をなくしたという声も聞く。何が問題なのか、そこから生まれる団結、創意工夫の力をどんなところで補っているのか、子どもの本気のやる気の遊びは何がそれに代わっているのか、よくわからない。

来る日も来る日もサッカーに明け暮れていた頃、負けた悔し涙にくれたり、面白くなくて物や友達に八つ当たりしたり、失敗した友達を責めたり、強すぎるごんごんに非難が集中したり、様々あった。その一つひとつを丁寧にチームの作戦会議につなげていった。話し合いを定着させていった。子どもたちはその中から、自分が負けたときの特定の仲間への非難や、八つ当たり行動は気づけなくても、相手チームの行動は客観視でき、きちんと指摘する力が芽生えてきた。そこを経て、自分の言動の反省もでき、行動をコントロールする力がついてくる。勝負だけにこだわらないゲームの面白さ、作戦会議の創意工夫、面白さをつかみ、仲間一人ひとりの力や特徴に合った試合運びや評価の仕方を学んでいく。ごんごんも自分のチームの勝負だけにこだわらず、全体の子どもたちの発達や現実の姿を的確にとらえ、その時々に応じて、自分の力をコントロールする保育の力を学んでいった。

人と人が関わって生きている人間にとって、ゲームの勝負には、面白く楽しく、理想とする社会を築いていく土台となる力を学べる要素が潜んでいると思う。本気でゲームに取り組みながら、実は民主主義を学んでいるとも思う。思慮の浅い、表面的競争に振り回されたり、現在問題とされる競争社会のありようとはまったく質が違う。人と共に生きる喜びと楽しさをつかみうる、真の豊かさを求める面白い競争、ゲームを本気で追及したいと思う。

民主主義かいじわるか

子どもたちが、ごんごんの話すことの内容を確認したうえで対応する力がついてくると、ごんごんは安心して自我をさらけ出し、ありのまんまで子どもたちと向き合える楽しさに酔いしれた。「給料もらって遊んでいていいのかしらね」と豪語することさえあった。

主任として五歳児クラスの代替で入ったときのこと。

子どももごんごんもはりきって、朝の集まりがあっという間に始まった。こんな日は遠出の散歩にかぎるとばかりに、子どもたちに提案した。

「そうしよう、そうしよう」

「どこにいく?」

「ひろせがわがいい」

みんなの大きな声に、やや間をおいて

「やだ～、マンションのこうえんがいい」

ひかるは保育園に一番近いマンションで暮らす。知的能力は高いのに、友達と一緒に遊べない。運動的なことも苦手。もちろん散歩も嫌い。一斉に反対の子どもたちの声。

「やだ～、あんなちかいとこ。いつだっていけるさ」——却下。しょんぼりするひかる。

「ひろせがわ、ひろせがわ」

ごんごんはこの保育園に主任として異動してきたばかり、

「あのね、私、ここの広瀬川は行ったことないから、ごめん無理」

「だいじょうぶ、だいじょうぶ、おれたちなんかいもいってるから。ごんごんにあぶないとこおしえるからだいじょうぶ」

子どもを信じれば行けると一瞬思ったが、次の瞬間、行ったことのない水場に一人で連れて行く是非を論じる園長の顔が浮かんで、

「やっぱり無理だ。今度にして。今日は別のところにして」

「しょうがね～な」

「じゃ～きかんしゃのところにいこう」

みんながしぶしぶ第二案に落ち着いた。

「さ～しゅっぱ～つ」

と、ひかるが「いきたくない～」と泣き出した。「何言ってるの。みんなで決めたんだから、さ～準

備して」。ひかるは泣きながら靴をはいた。すると、としやも泣き出した。としやは物静かな子どもで、一日中、声を聞くことのない日すらある子だ。「おや、めずらしい」と泣いて訴えたことに感心しながら「どうして行きたくないの？」と聞いた。「だって、どうせ、またほいくえんにもどってくるんだもの」と言う。理由をきちんと言語化したとしやに喜びを感じながら、その根性が軟弱だと、ちょっと怒りを感じ「とし君、だって話し合いで決めたことでしょう。守ってよ、決めたこと」と制した。ひかるととしやは二人になったこともあり再び泣き出した。「さ～さ～早く行かないといっぱい遊べないよ。二人の気持ちは着いたらいっぱい聞いてやるから」。無視・矛盾する働きかけをしながら、二人の手を強引にひっぱって門を出た。

道々、二人の泣き声は大きくなり、道を行く人の視線がごんごんを突き刺した。「そうだ、一人で力むことではない。子どもの力を借りよう」と思い直して、広場を見つけて子どもたちに提案した。

「ね～、みんな、ひかる君ととしや君が行きたくないってずっと泣いてるんだよ。どうする？」

ちょっとざわついたあと、いつも何かとごねごねで保育者を困らせているまさしが、

「いいよ、いきたくないんだったら、おれたちもきかんしゃにいかなくてもいいよ」

その言葉にぷっつんしたのはごんごん。説得を期待したのに裏切られた思いだ。

「えっ、みんなで行こうって決めたでしょ。何でそんなに簡単にあきらめるの？」

「だって、いきたくないっていってないてるでしょ」

「えっ、泣けばいいの？　じゃあ～私も泣く。行きた～い、行くってみんなで決めたんだからぁ～、わ

～わ～あ～んあ～ん」

「なにいってるの？　そんなにいじわるしなくていいんじゃない？」

「何で意地悪なのよ～、みんなのほうが私にずっと意地悪してる～」

「ごんごん、ないてるひとにそんなにいじわるしなくてもいいとおもうよ」

「……みんなはどうなの？　散歩はどうするの？」

「いいよ、やめよう。こんなにいやだっていうんだから」

「ほんとにいいの？」

「いいよ、いいよ」

ごんごんの意見は全員に却下された。意地を引っ込めるしかない。

「じゃあ～私も行かない。でも公園にこれから行く時間もないし、ここで何かして遊んでいい？」

「いいよな、みんなでおにごっこしよう」

「そうしよう、そうしよう」

みんなは鬼決めをして鬼ごっこを始めた。集団遊びの嫌いなひかるが意気揚々加わった。いつもは一人でうろうろするとしやまで笑顔で加わっている。二人の集団遊びに興じる姿を不思議な思いで追いながら、ごんごんはこの結末に納得がいかず、心の中はふつふつと煮えたぎっていた。

その日はいつになくみんなの心がひとつになって楽しく園に帰った。昼食を終え、午睡になり、保育日誌を書いた。今日の散歩の出来事に対し、子どもたちの日頃の話し合い、決めたことを守る心の育ち、民主主義をどうやって育てているのか疑問をそのまま書いた。

その夜、悶々としたまま布団に入り寝付けなかった。「何が民主主義？ 決めたことって何？」「決めたことは守るのがあたりまえ」「でもいったん決めたことは、みんなの総意の下にいくらでも変えられる」そう思った途端、どきっとした。ルールは変えられる。変えることができずに縛られていたのは自分だ。これは大変。あしたの朝担任に謝らないといけない。

翌朝、いつもより早く出勤し、担任に日誌を差し出し、事情を説明して詫びた。

「わっはっはっは……」

豪快な笑いと共に、一日のスタートが切られた。

その数日後、再び代替でクラスに入って、前回のことを詫びた。子どもたちもごんごんをよくわかっていて、

「だから、おれたちのはなしちゃんときいてね。わはははは……」

と笑ってかわしてくれた。

そして、その日の散歩はひかるのマンションの公園をごんごんが提案すると、みんなが賛成した。

その日、ひかるもとしやも笑顔で歩き出し、公園での遊びも子どもの中に入って楽しく遊んでいた。集団遊びに加われなかった二人はどこに姿を消したのだろう。

民主主義ってなあに？ 大きな課題がごんごんの胸の中に残っていた。

「民主主義」、あたりまえに使っている言葉の定義が難しくもあり、実践はもっともっと深く難しく感じられる。

ふと、二〇一〇年に亡くなられた教育一筋八十五歳の芳賀直義先生の遺された言葉が浮かんでくる。芳賀先生との出会いは二〇〇〇年、やはり教師である奥様が書店で偶然手にした拙著『花のかあさん　私のかあさん』（サンパティック・カフェ）の書評をある教育雑誌に書いてくださった。知人にそのことを知らされ、奥様にお礼の手紙を書いたことから始まった。そして芳賀先生の言葉に、生きる姿勢に心打たれた。

「子どもは納得すれば自分で育つ」

「子どもの長所を語れない者は、短所を語るな」

「間違いを含む自説を持つ。間違いを認めるまでは自説を曲げない。認めたときは引っ込める」

「変わることが大事で、他説から学ばなくてはならない」

ごんごんの子どもたちとの関わり方に「これでいいのかな」と思える安心感とこれを忘れてはいけないという保育士として、人としての羅針盤を示されたような思いだった。

民主主義かいじわるか　その2　かさじぞう

冬のある日の散歩。寒さを吹き飛ばして広瀬川の崖のぼりに挑戦。みんな風の子。ごんごんの無謀な提案は子どもたちに大歓迎。子どもの中には反対の気持ちもあるのだろうが、いつだって、賛成の子どもの迫力に押され気味。この日も、散歩用のリュックを背負って勢いよく飛び出した。四つんばいで崖を上るには、膝をついて崖にしがみついたら、次の足を前に出しにくくバランスを崩す。「ほら膝つかないで、そうそう……」その瞬間まさしがずり落ちた。地面に落ちて立ち上がろうとした瞬間、バランスを崩して今度は川に落ちた。岸辺に雪の残る寒い日だ。ごんごんは慌ててリュックから着替えを出そうとした。

「えっ、ない、着替え入ってない。大変」

「だれかズボン貸して」

子どもたちは冬の間も暖房のきいている園内では半ズボン半袖で過ごしている。散歩に出かけるときはその上に長ズボンをはき靴下をはいて出かける。それを知っていたごんごんは、そばにいたけんすけに助けを求めた。

「けんちゃん、どっちでもいいからズボン貸して」

「……」

「えっ、半ズボンでいいから」

「……どっちもかせない」と首をうなだれる。

「え〜まあちゃん着る物ないんだよ。寒いんだよ。ひとつ貸して」

「……か　せ　な　い……」けんすけの声が小さくなった。

「ぼくのひとつかしてあげる」

「おさむ君、貸してくれるの？　ありがとう、あ～助かった」

けんすけがほっと胸をなでおろすのをごんごんは見逃さなかった。何とかけんすけにまさしの心を知ってほしく、しつこく迫った。

「けんちゃん靴下貸して」

「……かせない……」

「いいよ、ぼくかしてやる」とゆうじ。

二人から借りて、これでまさしの寒さがしのげる。まさしはもちろん、みんなもけんすけもほっとした様子。ごんごんは、自分の点検ミスを忘れて、けんすけの人を思いやる心をどうやって育てたらよいのか考えながら保育園に帰ってきた。

昼食・午睡を経て、午後のおやつの前に紙芝居をした。けんすけの課題にしゃかりきになった。

『かさじぞう』

けんすけに感じてほしい心のつもりで選んだ。けんすけは……と見ると、心なしかうつむき加減。効果はあったと感じながら、そのことを家庭への連絡ノートに書き、迎えの母親とも直接話をした。

翌日、「ごんちゃん実は……」と母親が近づいて来た。

昨日、帰り道けんすけに散歩のことを聞いた。なぜ貸さなかったのか問うと、自分のロッカーにズボンの着替えがなかった。半ズボンを貸すと、保育園で長ズボンをはいてないといけない。長ズボンを貸すと帰るとき、バス停で待っている間寒くて我慢できない。だから両方貸せなかった。靴下は一足しかなかった。貸すと、帰りのバス停で、やっぱり足がじんじんして我慢できないから貸せない。だから何も貸せなかった、と言う。ここまで聞いて、貸せない理由をけんすけに問うていない自分に気づいた。その瞬間、やっと自分の点検ミスを認めた。「お母さん、ごめんなさい。理由をけんちゃんに聞かずに責めていた。それに一番の問題は、着替えを忘れた私の責任。すみません」「はははは……」お母さんは笑いとばした。でも、けんすけの心は？

けんすけに貸せなかった理由を聞かなかったこと、気持ちをわからないまま『かさじぞう』を読んで責めたこと、一番悪いのは準備を忘れた自分であることを正直に謝った。

「もう、いいよ」

けんすけは母親との帰り道の話で納得したのか、あっさりしていた。

今でも『かさじぞう』の紙芝居を読むたびに、けんすけの顔が浮かぶ。

けんすけの母親とは、今でもときどき会うことがある。このときの散歩やかさじぞうの話をするとお母さんは「そうだっけ？　忘れたよ」と言う。きっと、子どものような保育士、ごんごんを思いやってのことかもしれない。

「けいちゃんが、しずかにみずだしてるよ」

けい（男・ダウン症）は三歳児で入園してきた。四月当初、持ち上がりの子どもたちが「集まりだよ～」の声を聞いてもあちこちで思い思いの遊びに興じている中で、あゆみとけいだけがいつも椅子に座っている。ごんごんを加えて三人だけの朝の会が続く。散歩のときも、ごんごんと手をつなぐけいはスタスタ歩き、継続児に手がかかった。そのけいが自由遊びになるとまるで人が変わったみたいに、水道の栓を思い切り開けて、水しぶきを浴びて喜んでいた。ごんごんがそばに行くと手で払いのけ拒否した。園長が通りかかり「けいちゃん水道止めて」と栓を閉めても、けいはすぐに全開にする。乏しい予算に苦しむ園会計を気にしながらも、私はけいの何かをつかみたく見守った。ごんごんの指示通りのけいと、ごんごんを拒否するけいの接点が見い出せないでいた。

思いきって散歩のとき、手をつなぐことをやめてみた。けいは水を得た魚のごとく、ごんごんの手から解き放たれ、道路であれ危険区域であれ、友達の手を振り切って、好きな方向へ飛び出した。でも、ごんごんの大きな静止の声には行動を止める。それがあるので、ある程度、はらはらしながらけいの自由を認めるようにした。次第に水遊びのけいと散歩や朝の集まりのけいの姿に共通性が感じられるようになった。その頃、母親から「近頃、けいが大人の言葉を聞き入れなくなった。行儀が悪くなった」と嘆きを伝えられた。

ごんごんは大人の指示に忠実に従うけいをいったん自由にし、大人の言葉を自分で考えて、自分の意思に従って行動するようにしたいので、しばらく優等生ではなくなるかもしれないが待ってほしいと説明した。母親は充分納得はしないまでも、ごんごんの説明に従わざるをえない思いでしぶしぶ認めてくれた。

一方、水遊びはますます激しく、びしょぬれの毎日だった。ごんごんはけいに声をかけると拒否されるので、意識的に一人遊びを隣の水道で繰り広げた。

「さ〜お水くんで花にあげよう」

「あら、そ〜っと出さないとじょうろに水がたまんないわ。そ〜っと、そ〜っと」

でも、けいはそんなことおかまいなく、来る日も来る日も全開水浴び。ごんごんも一人遊びの続行。そんなことが一ヵ月も続き、少々閉口していたある日のおやつ準備。室内の流しにいるけいを見て、

「ごんちゃん、けいちゃんがおみず、そ〜っとそ〜っとだしてるよ」

と、きわが驚いて言った。

「うわ〜ほんとだ。けいちゃんお水そっ〜と出せるんだね」

驚いて私が言うとけいがうなずいた。水のそばでは拒否していたごんごんの言葉に自分の意思でうなずいた。

「やった〜」けいに求めていた力はこれだ……とごんごんは小躍りし、その日の保護者の迎えが待ち遠しかった。

しかし、その夜、またまた布団の中で、この日の出来事を咀嚼した。

水を勢いよく出しているときはごんごんはいつもけいを振り返っていた。でも静かに出していることは気づけない。きわはけいの両側面をしっかりとらえていて、静かに出しているけいの力を発見した。問題行動には敏感でも、肯定的行動をとっているときは気づかないでいる。そんな自分に気づかされた。

けいのつかんだ力が本物であることを裏づける出来事が翌日めぐってきた。

ごんごんが休暇で、主任保育士が保育担当の日。午後のおやつの時間のこと。けいがおやつを食べていたとき、主任保育士がお掃除をするためにバケツに水を汲んでいた。その栓は全開で大きな水の音が部屋中響いていた。けいは無言で立ち上がり、主任保育士の背中を軽くトントンたたき、目を見つめながら栓を絞って水量を抑えた。

「そぉ〜とね」その日はそう語っていたに違いない。翌日、その報告を受けたごんごんは小躍り。

「やった〜やった〜本物だ。自分ができるだけでなく、それを誰にでも伝える力こそ本物の力。人と人が共に生きていく力だ〜」

それからけいは水遊びのときに隣にいる私の言動を気にかけるようになった。そっと水を出しながら、じょうろにため、花に水をやる姿があっという間に見られるようになった。

「うっうっ」と言ってごんごんの提案を拒否したり、うなずいて賛同して、行動を共にする。そのうえ、けいの意思表示が子どもたちにも伝わるようになってきた。一人遊びから子どもと一緒の遊びに変化した。朝の集まりだって、集まるときと、それにおかまいなく自分の遊びに夢中になるときが見られるようになった。もう心配ない。けいはけいで自分の力で楽しい園生活をつくっていける。きわに感謝だ。

その後、けいは友達と一緒に遊ぶ楽しさをつかみ始めると、声や言葉で他の人に呼びかけるようになった。

「ママ〜」とけいの声が頻繁にとびかうようになる。

「ごんちゃんのことママってよんでるよ」。子どもたちが気づいた。

「そうだね、保育園のママなんだよねきっと」。数日後、

「みんなのこともママってよんでるよ、ママじゃないのにね」

はっきり伝わる言葉の少ないけいにとって、呼びかけは誰に対しても「ママ」だった。でも、その一言で、誰をも振り向かせる確信をけいはつかんだに違いない。子どもたちも、ちょっぴり不思議を感じながらも、けいの「ママ」と呼ぶ声に「せんせい」「ごんごん」「○○ちゃん」と聞き分けて対応する心の柔らかさを備えていた。

否定と肯定の勝負は？

三歳児は面白い。唯我独尊でありながら、みんなが気になり、横目でみんなを意識しながら自分勝

手な遊びに興じる。いつも気にしているので、いつだってみんなの下に集まっていけるチャンスは見逃さない。だから保育士は安心して八方に飛び散っていく子どもたちを追わずに、楽しい遊びを数人と展開できる。

そうやって、自分の価値観とみんなの価値観、大人の価値観を照らし合わせながら考える。ことの善し悪し、ルールが他者との関係を見つめながらわかってくる。けいの行動に対しては「自分たちはとっくに卒業したよ。もうしないよ」というちょっと誇らしげなまなざしと、「やっぱりおもしろそう、やりたいな」という羨望を持っているとごんごんには感じ取れた。その葛藤を、子どもたちは同じ行動をするのではなく、けいを慕うことや、自分たちの遊びに誘うことで昇華させているのかなと思えることがあった。

「けいちゃん、いっしょにすわろう」

「けいちゃん、〇〇してあそぼう」

けいはクラスの人気者になってきていた。

ある日の午睡後。

この時間は子どもたちにとってとても開放的な時間だ。気持ちさわやかに午後のおやつに向かう時間。その開放感は、次の活動に向けて速やかに行動をとる子と、計算ずくで布団の上で遊びまくる子とタイプがわかれる。としふみは後者のタイプ。いつも、ごんごんに注意されながら、ぎりぎりの時間まで遊びほうける。そんなとしふみの先を読む力にちょっと投げやりな思いでいたある日、

「けいちゃんいっしょにすわろう」

布団を片付け、おやつの準備をしたあゆみが言った。

けいは笑顔で準備をして隣に座った。それに反応してとしふみが、

「あっ、おれもけいとすわりたい」と走り回りをやめて言った。「今だ！」ごんごんの目がきらり。

「あ～とし君、残念。けいちゃんはあゆみちゃんと座っています。とし君は座れません。布団も片付けていません。おやつの準備を何もしていません」。誇らしげに言葉たちを並べ立てた。

その言葉と同時にとしふみがこれ見よがしの大声で泣き喚いた。その泣き声に負けじと、これ見よがしのごんごんのダメ押し。「泣いているので、ますます座れませ～ん」。さらに大声で泣くとしふみ。するとあゆみが、

「としくん、だいじょうぶだよ。こっちがわにすわれるよ」

としふみは一瞬、その場を確かめる。

「としくん、ふとんかたづけて。おしぼりじゅんびしてここにおいで」

大泣きしていたとしふみがあっというまに布団を片付け、おやつの準備をしてけいの座っている角の位置に座った。三人はけいを真ん中に、笑顔でふざけっこが始まった。

そんなとしふみを苦々しく思いながら、ごんごんの頭の中であゆみの言葉が渦巻いた。ごんごんの言葉に大泣きしたとしふみは、あゆみの言葉に物の数分で応じた。自分の希望に対し、肯定的見通しを持ち、あっという間に行動した。考えてみると、ごんごんの言葉は三重否定、あゆみの言葉はすべ

て肯定。その上にとしふみの課題がきっちり含まれている。

保育士は誰？……今日も〝子どもが先生〟の日が巡る……。


「たくちゃんはきもちわるい」


つよしは四歳児。しっかり周りを見て、じっくり考えてから行動をとる。一見、消極的に見えるが慎重で行動に間違いは少ない。その日、午睡用の布団を敷くときに、空いている所に敷こうとして、隣がたくみであることに気づいて布団を持ち上げ困っていた。

「あれ、つよし君どうしたの？」

「……」

「たくちゃんの隣、いやなの？」

「……」うつむく。やっぱりいやなんだ。つよしのそばに行き、静かに問うた。

「どうしてたくちゃんの隣いやなの？」

「……だって……よだれきもちわるい」。そう言いながらさらに首をうなだれる。

「そう……じゃ～どこか別のところ探そう」

つよしはすまなそうにさらに言葉を続けた。

「たくちゃん、おねしょもするからいやだ」

ごんごんはちょっとさびしい気持ちと、保育士としての自分の課題を抱えながら布団を敷き直した。

そして、午睡途中にほとんど同時につよしとたくみがごそごそ動き出した。見ると、二人ともおねしょをしたようだ。うまい具合に二人が同時、ごんごんは内心ほくそ笑んだ。チャンス到来。そそくさと後始末をし、代わりの布団を一枚出して、

「ごめんね、保育園の布団、一枚しかないの。二人でこれに寝ようね」

喜んだのはたくみ。大きくうなずいてつよしの手をひっぱった。

つよしは抵抗した。

「はははは……面白いね。つよし君とたくちゃんは仲良しおねしょ仲間だね」

すると、つよしの顔が笑った。

たくみがつよしの手を引いて、二人で布団に横になった。上から毛布をかぶせながら、ごんごんが覆いかぶさった。二人が布団の中で声を抑えて笑い合う。ごんごんが去ったあとも、たくみがつよしをこちょこちょして遊び、しばらく毛布の動きと声を殺した笑い声が止まらなかった。

ずっと、気持ち悪いという思いでたくみを遠ざけていたつよしが、ぐっとたくみに近づいた。

翌日、登園するや否や、たくみを見つけると「たくちゃあ～ん」と走りより、一緒に遊び出した。笑い転げる二人を見て「今までこんなことなかったのに」とつよしの母親が驚いていた。

こんな小さな出来事で子どもは変わる。気持ち悪いと遠ざけていた友達と一気に仲間関係を切り結

ぶ。「よかった、マイナスの一言をちゃんと受けとめてやって」とごんごんはほっとする。どんな否定的な言葉でも、人は思いを表出できたとき、初めて自分の内面の矛盾と素直に対峙し、そこから関係がスタートするのだから。

「ごんちゃんがこわい」

つよしが登園拒否を起こして、毎日、朝、大暴れすると母親がごんごんに言ってきた。理由は聞いても言わないという。でも、つよしは毎日玄関の扉を自分で開けて「おはようごんちゃん」と笑顔で登園する。母親の言葉は信じられず軽く受け流していた。しかし、母親は深刻になり主任保育士に訴えた。主任保育士にことの深刻さを伝えられ、それでも腑に落ちない表情のごんごんを一括。

「あんたが悪い。保育士が悪い」

「えっ、どうしてですか？」

「障害児に手がかかるのはわかるが、他の子に目が行き届いていない。ごんごんが怖いと言っているそうだ」

「ごんごんが怖い……？」。その一言が衝撃だった。

それから数日、つよしの一言と主任の言葉がごんごんの全身（心）を駆け巡り続けた。

一方で、つよしは相変わらずニコニコと登園して来る毎日。

でも、園の門をくぐるまでは、両親でも手こずるほどの泣き騒ぎだということは信じざるをえなかった。

「保育士が悪い」。その一言は非常に重かったが、つよしが抱える現実と同じように、しっかりと受けとめなければならない保育士としての現実の課題だった。

「ごんごんは、おこればこわい」と常々子どもたちの評であるが、普段やたら怒る訳ではない。それより、子どもたちにいさめられるほうがずっと多かった。なのにつよしはなぜ……わからなかった。

解決の糸口が見つからないまま、ある日、心理学研究者であるたくみの父親に相談した。たくみの父親は笑って言った。

「つよしはごんごんが好きでそばに行きたいと思っているんじゃないかな。いつでも、ごんごんとの距離を自分で測りながら近づいてくる。でも、ごんごんはいつも動き回っていて、計っている距離が壊されて近づけない。そりゃあ～つよしにとっては恐怖だと思うよ。動けばいいってもんじゃないんじゃない？」

いつも子どもと同じに動き回っていることを良しとしてきたごんごんには、寝耳に水、難解な言葉だった。

「背中から近づくことはあった？」

「……ない……」

「だろうね。いつもごんごんの表情を読める所からしか近づいてこない。背中から近づいてきたら本物。見えなくても表情が読めるほど、信頼関係が築けた証拠になる。それともうひとつ、お母さんがいつも玄関で言っている言葉聞こえている？　『いい子にしてるんだよ、先生の言うこと聞いてね』って言ってるの」

そう言われてみるとそうだ。

その日から、ごんごんはつよしの前では、じっと動かず、距離を測りながら近寄るつよしの行動にすべてを委ねた。同時に保護者とも話し合い、自分なりの働きかけの工夫を伝えた。自分から動かないという課題はごんごんにはきつかった。「ごんちゃん、あのね……」と近づくつよしに「なあに？」と微笑んで、つよしが近づくのを待つことを体を硬直させながら耐えた。

もうひとつ「いい子でいてね」の言葉が気になった。他の子どもたちは、そんな言葉はごんごんとの関係ではしっかり死語にできている。つよしはなぜ？

一日の生活を振り返ってみた。つよしは、通常の活動は素早くはないが、きちんと遅れずやりこなす力を持っている。だが、給食だけは咀嚼するものに弱く、いつも最後になっている。みんなが楽しげに押入れで遊び出すのを横目に食べ続ける毎日だ。ごんごんはそんなつよしに食べきることを強要することは決してしない。「食べられないんだったら残していいよ」「終わりにしよう」といつも言っている。でも、つよしはどんなに時間がかかっても食べきった。

「そうだ、これだ。つよしがごんごんを怖がるもうひとつが見つかった」

ごんごんは一大発見をした。「つよしに食べなくていい」「残していい」と言いながら、一方で、ご飯を一粒残らず食べた子の茶碗を、毎日「ほら、見て見て、○○ちゃんの茶碗ピッカピカ」と言ってみんなに見せていた。その言葉はつよしには「あんたもピッカピカに食べきりなさい」という強制でしかなかったのだ。

「じゃ〜どうすればいいの？」

また、新たな葛藤が始まる。

毎日の暮らしのことを、仰々しくほめるのはやめて、さりげなく、でもしっかりと個々に応じた受けとめをするというあたりまえの課題が、ごんごんには少しとらえられてきた。

それらを心がけていたら、ある日つよしが「ごんごん、のこしてもいい？」と食事を切り上げた。「ごんちゃん」の呼び名が「ごんごん」に変化していることもごんごんは気づいた。ほとんど時を同じくして、背中にひょいと抱きついてきた。「つよしだあ〜……どうすればいいの？」体と心がこわばる。今にも振り返りたい気持ちを抑えて言った。

「だ〜れ？　何だか背中があったかい。これは何だ？」

「ふふふふっ……」

「何だかつよしの声みたい」と思いきり振り返って抱き寄せると、つよしの嬉しくてたまらない表情がごんごんの顔のまん前に重なった。

「ぎゃあ〜わっはっはっは……」

二人の笑い声もぴったり重なった。

つよしの「登園拒否」がいつ終わったのか、定かに覚えてもいないし、保護者と話し合ったことも記憶にない。でも、多分、この頃に違いない。

つよしたちとの一年にピリオドを打ち、進級を前にして、同じ法人のもうひとつの保育園にごんごんの人事異動が決定した。そのお別れの連絡ノートに母親の思いが書かれてあった。

「ごんちゃん、一年間お世話様でした。登園拒否をしていたことが嘘のような今です。あの頃、つよしは本当にごんちゃんに憧れていました。憧れれば憧れるほど、つよしからごんちゃんは遠のく思いで、つよしは後ろ姿を追っていました。私も同じ気持ちだったからよくわかります。やっと、ごんちゃんと仲良しになれたのに、もうお別れするのが残念でたまりません。ありがとうございました」

「後ろ姿を追っていた」。つよしと母親の心にごんごんは泣けた。後ろに目がなかった自分に泣けた。それを気づかせてくれた、たくみの父親に改めて深く深く感謝した。

割れた荒馬

姉妹園の主任保育士として異動したあとも、相変わらず珍事を巻き起こした。

運動会で、五歳児クラスが「荒馬」に取り組むという。担任が経験のあるごんごんに協力を求めてきた。荒馬は青森県に伝わる民舞で、踊りもさることながら、身にまとう荒馬作りがもうひとつの魅力である。その荒馬作りの指導がごんごんに申し入れられた協力だ。

子どもたちともう一度取り組めると思うとワクワクする。担任と話し合いながら、朝夕の時間に作業を進めた。馬の頭の大きさの板を購入し、その板に馬の形を書き、糸鋸でひく。形を切ったら電動のこぎりでたずなを通す穴を開ける。この作業は危険なのでごんごんの役割だ。他の作業はすべて子どもたちの力に任せる。踊りは担任が指導。保育士も子どもたちも毎日張り切って取り組んでいる。

さちこは糸鋸があまり上手に使えず手こずっていた。首のカーブの線がうまく切れないでいる。それでも投げ出さず、黙々と毎日取り組んでいた。誰の目にもその必死さは伝わり、どの子も手伝いたい思いをぐっとこらえて見守った。迎えの母親が来ても「ちょっとまってて、もうちょっと」と帰りを渋っていた。そんな日々のあと、やっぱり迎えの母親を待たせて切り続け「あ~できた~、おわった~」と大歓声。本人はもとより、母親も、子どもたちも、ごんごんもほっとした。さちこはその日、鼻歌まじりで、スキップで帰って行った。

馬の切り口は、さちこの苦労のあとが一目瞭然、ぎざぎざだった。

翌日、さちこが登園し、電動ドリルで手綱の穴あけだ。みんなで見守ってやっとできたさちこの馬の穴あけ。みんなが期待してごんごんを取り囲む。いつもは丁寧に下になる台に神経を使うのに、気持ちが急いてそそくさと台に乗せ、その馬の両端をごんごんの両足で押さえて電動ドリルを動かした。「ガガガガガッガ~」勢いのいい音と共に手綱の穴が開いたと思った瞬間、両足の重みに耐えかねた馬が「パチーン」という音と共に、真っ二つに割れた。一瞬何が起こったのか、あたりが異様な静けさに包まれた。

「さっちゃん、ごめん。馬が割れてしまった。ごめんね」

取り返しのつかないことのように思えて、慌ててごんごんが謝った。さちこは馬を凝視したまま動かない。

「ごめんね、さっちゃん」

「え〜、ごんごん、さっちゃんのうま、わった〜」

周囲の子どもたちの驚きの声が重なり合う。

「え〜、わるいんだわるいんだ、ごんごんがわるいんだ」

それまで声を出せなかったさちこが大声で泣き出すのと、ごんごんがその声に負けない大声で泣き出すのと同時だった。子どもたちは、さちこを慰めるどころか、ごんごんの泣き声にあっけにとられた。完全に取り乱しているごんごんに、冷静に事態を見ている子どもが言った。

「どうすんの？　ないているばあいじゃない」

「わかってる〜、でも、みんながごんごん悪いごんごん悪いって言うからどうしたらいいかわからなくて泣いてしまったんだよ〜。さっちゃんごめんね」

子どもが言うように、泣いている場合じゃない。涙を拭きながら後始末を考えないと、さちこのことを考えないと……。

「さっちゃん、私、今日新しい馬作るから。それさっちゃんにやるから」

「……いやだ……」

「困ったな……じゃあ～私手伝うから新しい馬さっちゃん作って」

「……い　や　だ……」さちこの声がだんだん沈んでいく。

「だって、ごんごんもどうしたらいいのかわからない……」

「でも……このうまがいい……」

苦労して苦労して、お母さんに何回も待ってもらいながら、やっと完成した馬はさちこにはかけがえのない馬なのだ。どんなにぎざぎざであろうと、どんなに滑らかな馬より愛着が完全に違う。その苦労を思うと私はどうすべきか、もう一度、大声で泣くしか術がない。お手上げだ。

そのとき、よぎったのが幼き頃、建具職人の父親の仕事をする姿。

そうだ、確かあのとき、波釘（波形の小さな鉄板、片端が刃になっている）という変わった釘を父が板に金槌で打ちつけていた。そうだあれがいい。

「そうだ、さっちゃん、波釘っていうのがあればこれ直せるかもしれない。でも金物屋さんにあるかどうかわからない。今日、行ってみるから待ってて。……もしなかったら、もう一回考えるから」

「うん、いいよ」

緊張したまま、事態を凝視していた子どもたちが、ほっとした笑みを浮かべ「さっちゃん、よかったな～」とさちこに歩み寄った。

心が晴れないのはごんごん。まんじりともせず、気の重い一日を何とかやり過ごす。いや、さちこのほうがもっと切なく苦しい時を刻んでいるに違いない。あ～ほんとに情けない。

幸運なことに波釘が見つかった。

翌日の朝いち、さちこの登園を待った。さちこと母親、子どもたちの見守る前でさ～準備。同じ間違いを二度起こさぬように、細心の注意を払って台を作り、その上に馬を乗せる。割れた二つの馬をぴったり合わせ、いよいよ波釘でつなぎ合わせる。誰もが無言で見つめる。

慎重に慎重に……失敗しないよう金槌を持つ手が汗ばむ。

うまくいった、馬はかろうじてつながった。他に二ヵ所波釘を打ち付けると、割れた馬はぴったりもとの馬に戻った。さちこがそれを手にして、

「わたしのうまだぁ～」

と母親に差し出した。母親は無言で、嬉しそうに馬を撫で回した。

「よかったなぁ～さっちゃん、うまなおったなぁ～」

「さっちゃん、色塗ってもこの波釘は見えるけどいい？」

「いいよ、だいじょうぶ」

さちこの声は明るかった。「あ～これで何とか解決した」。何だか安心して、泣きたい気持ちだったが、「ないているばあいじゃない」と子どもたちの叱咤の声が聞こえそうでこらえた。

運動会で荒馬踊りで大感動を与えた五歳児。そして、さちこは父親の転勤が急に決まり、荒馬の踊りの感動を胸に、家族と共に愛知に引っ越していった。

引っ越して、一ヵ月ほどあとに、新しいお家に飾られた荒馬を見ながら「らっせらあ～、らっせら

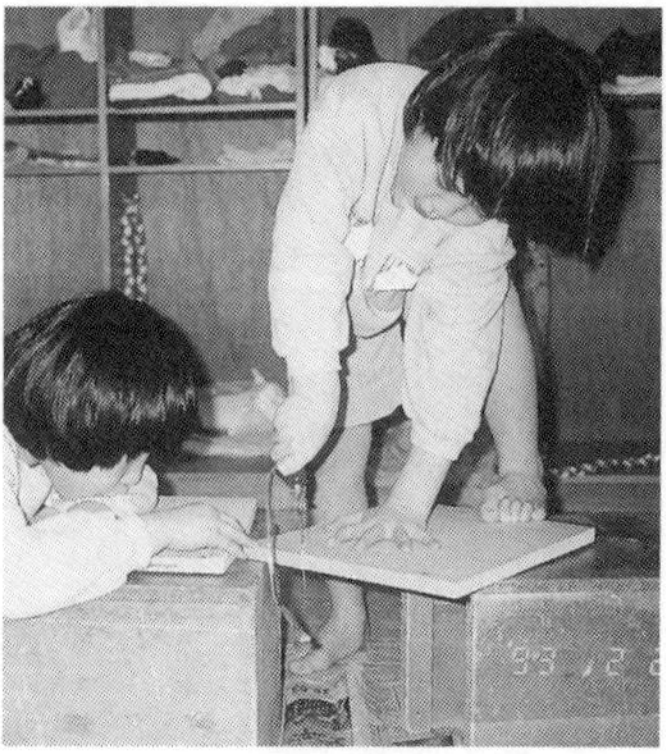

荒馬作り

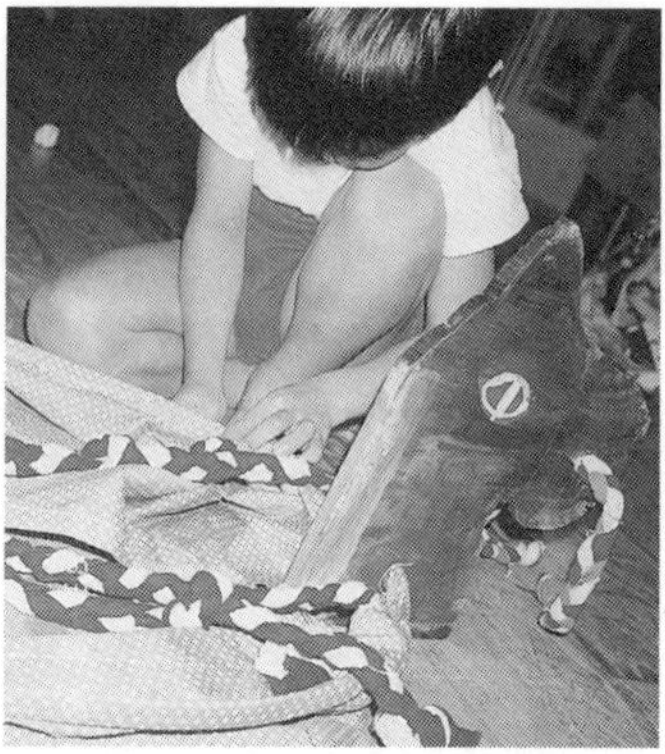

胴体になる衣をぬい付ける

運動会で荒馬を踊る

あ～と荒馬を楽しんでいるさちこです」とお母さんから手紙が届いた。

さちこはいくつになったのだろう。二十三か四歳、波釘の荒馬はどうなっているのだろう……。

ごんごんは、今でもあのときの二人の大泣きの声を全身の感覚で覚えている。今、思い出しても大泣きするしか術がなかったと思える。そう思いながら、あんなに手放しで子どもの前で大泣きする保育士って、子どもにとってどんな存在なのだろう……とひんやりする思いで振り返る。

クレヨン事件

二歳児クラスから三歳児クラス（すみれ組）への進級は、子どもたちにとって特別の気分がある。それまで乳児組だった生活が、幼児組になり、憧れの五歳児を間近にし、一挙に大人になった気分になるのだろう。自分でやることが増え、自分で管理できる持ち物が増えることも誇らしげだ。

真新しいクレヨンの箱が一人ひとりに手渡され、いつでも自由に使うことができた。五月の中旬、クラスにも落ち着きができ、ごんごんが休みを取ったその日にクレヨン事件は起きた。

出勤すると、各自のロッカーに入れてあるべきクレヨンが保育士の机の上に重なっていた。不思議に思いふたを取ると、全部細かく折れている。二箱、三箱……。前日の担当の職員に聞こうという思いはなかった。子どもたちが目の前にいるのだからその必要はなかった。

平静ではいられない気持ちをまずは抑え、いつものように朝の集まりを持ち、自分を落ち着かせるために絵本を読んだ。そして、おもむろにクレヨンをみんなの前に持ってきて並べ、ふたを開けた。

「あっ、かみやぶいてる」

「ポッキンポッキンわれてる」

「よっこ、おってないよ」

「ひでちゃんもだ」

「折っていないのにどうしたの。なぜみんなこうなってるの？」

ごんごんが問うと、何人かが自分のロッカーから折れていないクレヨンを持って来た。

「あれ、折れてないね。みんなどっち好き？」

平静さを失って何を質問しているのやら……。「こっちがいい」と折れていないクレヨンを指さすのは明らか。すると、

「だいちゃんとりょうくん（四歳児）がはんぶんこにしたんだよ」

「こっから（ロッカー）だして、みんなやったの」

「あや（自分）もいっしょにした」

「面白かったの？」

ごんごんのめちゃくちゃな質問が止まらない。あやは素直に、

「うん」

何も考えなければ、真新しいクレヨンを二つ折りにする感触はたまらない快感だろうと、ごんごん

は思った。しかし、沢山の問題が見えすぎて、このままではいられないとごんごんは焦った。焦りは「面白いことしてよかったね」という皮肉な言葉に化けた。雰囲気を察したあやが、「おみずいっぱいだしたから、だいちゃんとさとしくんおこられたの。それから、すみれぐみ（三歳児クラス）にきて『クレヨンおるぞ』っていっておったの」

「おもしろそうだから、いっしょにやった」

「だめだよっておもったけど、だまってみてた」と子どもたちはそれぞれだった。

「このクレヨン、どっちでも好きなほうみんなにあげる」

ごんごんの言葉の暴走は止まらない。

「こっちがいい」と折れないクレヨンを指差す子どもたち。

「どうしてこっちいやなの？」と折れたクレヨンを指さすごんごん。

「おれてると、きもちよくないもん」

「うれしくないもん」

「へんなきもち」

「おられてたら、かなしいよ」

「みじかいと、かけないよ」

「もう、え、かけない」

子どもたちの表情がだんだん神妙になってくる。いつもは動き回るたかひろが、道具箱の上に座って話を聞いている。

「そうだよね。絵を描くとき、使いづらいよね。元通りにできるかな……」

「おったら、もうだめだよ」

「もう、つかえないよ」と子どもたち。

でも、このクレヨンは保育園の大事なお金で買ったもので、一年間使わなければならないもの。どんなものも大事に使わなければならないこと。みんながいやな気持ちになることはやめよう。友達が間違ったことや、悪いことをしていたら注意しよう。黙っていてはダメ。ほんとうの友達なら勇気を持ってお話しよう。どうしてもどうしてもお話でわかってもらえないときは、仕方がないから押したりたたいたりしてもいいからやめさせよう。それが本当の友達……その後、たたくことの是非をめぐって大人たちの議論になることなど想像もせずに、ごんごんは一方的に熱く語った。

すると、ひろみの目から涙がこぼれた。ごんごんの目からも涙が……。

「ごめんね、おって」。ひろみが誰に言うともなく謝る。やすこ、あやも……。りょうが「セロテープではろう」と言い出す。

「みんなではろう」と子どもたちが言う。

みんなで折れたクレヨンをセロテープでつなぐ作業の中で、子どもたちの表情が少しずつ和んできた。修復したクレヨンが箱の中に並んでいくことが嬉しくなってきた。

作業を終えてほっとしたが、ことは解決していない。だいきとりょうにすみれ組に来てもらって話し合いを持った。りょうは事実を認め、素直に謝った。だが、だいきは黙ってうつむいたまま首を縦に振ることはなかった。だいきの無限大の好奇心が水遊びで噴出し、保育士に叱られたことは容易に想像がつく。ことの良し悪しは人一倍わかっていても、同時にその好奇心はいまだに心の中に渦巻いて整理できていないことも、ごんごんには手に取るようにわかる。ちょっと悩んだがそれ以上追求せず、すみれ組の子どもたちの話し合いの結果を伝えて終わる。

「話し合いを終わります」の言葉に誰もがほっとした。もちろんごんごんの心も。

ごんごんは、いつもポケットに画用紙の切れ端とちびた鉛筆を持っている。記憶力に自信のないのと、いつか研究生から「そうかしら……?」との一言を受けてから、何でも記録しておいてあとで整理することにしていた。全部を書かなくても、ひとことのメモでも、芋ずる式に状況を振り返ることができる。「子どもたちのことは子どもたちと……」を信条に、常に何歳児であっても話し合い、伝え合う場をもち、一人ひとりの発言、自分の発言をもメモした。三歳児くらいになると話し合いながら手を動かすごんごんの姿に「なにしてんの?」「なにかいてんの?」と話し合いが途切れることがあったが、慣れてくるとそれはごんごんの癖ぐらいに思え、それにとらわれず話し合えるようになってくる。それを子どもたちの午睡中に、めちゃくちゃな字でまとめる。書きながら自分の発言にひやりとし、ペンが止まることがしょっちゅうだった。消してしまいたい時もあるが、つらくても事実に即してしか自分は学べないと、ありのままの記録に徹した。一人担任にとっては、自分の保育を誰よりも的確に指摘する、逃れられない怖い存在にもなった。

このような出来事はその日のうちに保護者にプリントして配る。ありのままの子どもたちとごんごんの関わりを伝えたくて、すべて実名入りで。もちろん、だいきやりょうの保護者にも。「ごんごん先生の字は読めない」と保護者を悩ませながら。

「三歳児でもこんなに集中して話し合いができ、他人の身になって感動したりできるのでしょうか。私自身、子どもたちに対し、新しく発見し、何よりもこんなふうに導いてくださった担任の先生に感謝の気持ちでいっぱいです」

「『おかあさん、わるいことしたときは、おこらないといけないんだよね』。はは〜ん、例の事件で学んだな」

「心配なのでこちらからあまり聞き出すことはしませんでした。しかし、自分でやってしまった子の心の痛みが思いやられて、素直にざんげできて晴れてくれただろうかと気にかかります」

翌日の連絡帳に寄せられた保護者からの意見だ。わが子だけでなく、まわりの子どもの育ちを見守るあたたかい保護者の気持ちが、子どもたちとごんごんをふんわりと大きく支えてくれる。そして、格好の職員会議の議題になるのも常だった。

「だいきがやすみだ～　やったあ～」

翌年度、ごんごんは持ち上がりで四・五歳児クラスの担任となり、だいきの担任になった。四・五歳混合クラスの最年長になっただいきは、さらにパワフルに自分を発揮していた。生活する力も、遊びの知恵も抜群で面白く、いつも中心にいた。

五歳児で転園してきたあきとは、物静かでうまく集団に入れるかどうか見守っていたが、孤立することなく遊びの中に加わっているので安心していた。

ところがある朝、母親がためらいながら話しかけてきた。

「先生、こんなこと言うのも大人気ないのですが、娘に相談したら『そんなの先生に言えばいいよ』と言われ、それで……」とあきとの悩みを語ってくれた。

「ほいくえんはおもしろいけれど、いつもだいちゃんばっかりすきなようにして、ぼくはどろぼうばっかり……。それはいやだ……」ということだった。楽しそうにみんなの中に入って遊んでいるので安心していたが、ごんごんはそこまで心をキャッチしていなかった。みんなで話し合おうと思った。

ところがその日、だいきの休みの連絡が入った。朝の集まりでそのことを告げると、一人の子どもが「やったあ～だいきやすみだあ～」と小さな声で隣の子どもと顔を見合わせた。

素早くそれをキャッチしてみんなに投げかけた。「しまったあ～」という表情は一瞬だけ。「おれも、そうおもう」とみんなが口にした。静かに見守っているあきとにも発言を求めた。一瞬ためらいながら「ぼくも、いつもどろぼうばっかり、いやだ」とほっとしたような表情で言った。

他児からも堰を切ったようにだいきへの不満が爆発した。

「みんな、だいちゃんにそのこと言ったの？」

「いっても、きいてくれないよ」

「いうと、『なんだ〜』ってたたかれるから、いやだ」

「こわくていえない」

「じゃあ、今のままのだいちゃんでいいの？」

「いやだあ〜」と騒然となる。

「本当にみんなが友達なら、ちゃんと本当のこと言おうよ。だいちゃんにわかってもらおうよ」

「う〜ん」とみんなが肩を落とす。

「あきと君、隣に座って応援するから、あしただいちゃんに言おうよ」

「うん」。あきとにしてははっきりとした返事だった。その声に促されるように、みんなの声も力づいた。

翌朝、いつものように元気にだいきが登園した。さっそく朝の集まりで話し合いをもった。

「だいちゃん、今日みんながだいちゃんにお話あるって。聞いてね」

「うん、いいよ」だいきは明るく言う。

「では、あきと君からでいい？」

「だいちゃん、ぼくどろぼうばっかり、いやだ。だいちゃんばっかり、すきなことしてる……」

あらかじめ、ごんごんはあきとの隣に座り、そっと手をつないでいた。

その一言を皮切りに、子どもたちのだいきへの不満が堰を切った。一言一言力をこめて反論していただいきの表情が、みんなの言葉に押されて曇り出した。それでも必死で一人で反論していた。

他児の不満の声もやむことがない。そこで、

「あのね、この間だいちゃんと遊んだら、すごく面白かったんだよ」

とだいきの遊びの工夫、発展の仕方の面白さを語った。すると、

「そういえばこんなことも……」「あんなことも……」「〇〇ちゃんに……してやさしかったんだよ」

と、だいきのよいところが次つぎ子どもたちから飛び出してきた。だいきはやっとほっとしたような表情だった。

子どもたちは、両面のだいきをしっかりわかっていることに、ほっとしたごんごんも発言した。

「じゃあ～みんなは、だいちゃんにどうなってほしいの？」

一瞬静かになった後、次つぎと、だいきの表情を見ながらどうしてほしいのか語り出した。その言葉は、いつも自分がまわりの大人に言われている言葉の裏返しだった。だいきはうつむきながら、しっかりとその言葉を受けとめていた。その顔は神妙ではあっても曇ってはいなかった。

話し合いはさわやかに終了した。「だいちゃんあそぼう！」。いつものようにみんなで園庭に飛び出

した。

それですべてが解決した訳ではない。逆に五歳児の乱暴な言動も目立ってきた。子ども同士で「かんけいない」「しらない」「うるさい」「ばか」という言葉が飛び交い、正論を言う子に「かっこつけてる」「ばか」など、なぐったりけったりの乱暴な行動も目立ってきた。一つひとつ双方が本当の気持ちを言葉で伝え合い、話し合う場を設けて、ごんごんは走り回った。

生活の場でもっとお互いを理解しやすくするために、少人数のグループを作ることを提案した。前年度の取り組みでわかっていて誰もが賛成した。

グループには特にリーダーは置かなかった。だいきはグループの中心になり、活動で何でも「いちば〜ん」とみんなを急き立て、時には腕力で従わせていた。ごんごんは意識的にだいきのグループに参加して、意見を小出しにして様子を見るようにした。だが、だいきの発想は面白く、みんなが考えつく前にいち早く出す意見は、誰もかなわなかった。そこで、だいきが話し合いのリードをしているのを、ときどきほかの子に交替してみることを提案した。

その後、きよひこが中心になるときがあった。小さい子から順番に意見を聞き、それからみんなでの話し合いをするきよひこのやり方は、みんなから支持された。ごんごんは安心してグループを離れた。

ところがある日、きよひこの母からきよひこのだいきへの不満を告げられた。

子ども同様、保育士ごんごんもなかなか多面的に瞬時にことを見抜けない。あ〜また母さんに助けられた。ごんごんは何でも率直に伝えてくれる大人たちに感謝すること多々……。

クラスみんなでの話し合い。

「めいれいばっかりする」

「じぶんのすきなことだけする」

「いじめる」

「くちでおはなししないで、てでばっかりする」

「ひとりでだけリーダーしてる」

いつしか子どもたちの間では自然発生的にリーダーを作っているのに驚いた。

「リーダーって、やさしいひとでなければだめだよ」

「つよいひとって、ほんとうにやさしいひとのことだよね」

「ちいさいこにも、おはなししてやれるひとだよ」

「なにかわすれても、やさしくおしえてくれるひと」

「わたしもリーダーになりたい」

「ぼくも」

次つぎ、リーダーの資質に関する意見と、なりたい気持ちが飛び出す。

リーダーに関しては、ごんごんは明確な方針が持てず、置くつもりがなかったが、ここまで子どもたちのイメージがあると、何とか取り組まないといけないのかなと思えてきた。誰がリーダーになっても支え合い、みんなが意見を言い合って楽しい保育園の生活ができるよう、グループの中心になるリーダーを決めることは、みんなの目標のごとく、あたりまえのように決まった。

ところが誰もがなりたいので、その日の給食当番がリーダーとなる、毎日交代制が決まった。本来のリーダーとはちょっと違うかもしれないけれど「これはこれでいいや」とごんごんは思った。

いつものように、子どもの後追いを必死でするごんごんがいた。

クラス全体が少しずつ落ち着いてきた。

「どうしたの？」

「どうするの？」

「なにしたいの？」

相手の意思を問う子ども同士の言葉で、トラブルが少なくなってきた。何かが起きると話し合ったり、難しくなると「ごんちゃんちょっときて。きいて……」と助けを求めて来た。その中にはやっぱりだいきに関することも多かった。自分の要求の強さに、力づくの行動がまだまだ目立っている。ごんごんはだいきに他者との関わり合い、見通しを持った自己コントロールの力がつくと共に、まわりの子どもたちがしっかりだいきに思いを伝えきる力がつくよう、全体で話し合い、子どもたちの気づかない矛盾は、クラスの一員としてごんごんも発言していった。

きよひこが感情的になりながらも、だいきに意見を言うようになり、他児の支持も得るようになった。同時に前にも増してトラブルが増えてきた。いや、高声でも言い合いになってきたのだ。

「じぶんがわるいくせに、ひとのせいにするな」

「うそつき」

「うそつきは、おまえだべ」

だいきが追い込まれることが多くなった。よさも悪さもあいまいにせず、丸ごと認め合える関係を持つために、辛らつな場面も辞さずにやった。しかし、よさはなかなか子どもたちから発することはなく、ごんごんが投げかけることが多かった。きよひこはみんなから認められ、それが自信となって訴えも感情的にならず、論理的になってきて、グループの中心は二人になってきた。

七月になる頃、四歳児のふらつきや二、三人での遊びになり、見通しをもって生活する力はあるのに、遊びの中で自分の要求を出しきれず遊びから抜けることが気になった。

八月に五歳児（バラ班）だけの保育園でのお泊り会がある。五歳児中心の生活に変わる。四歳児（ひまわり班）は憧れを抱きつつもどこか置いてきぼりの感がある。そこで、それを来年への期待に変えられるように工夫した。取り組みの様子や、当日の様子、感動など四歳児に伝える話し合いを設定した。話し言葉の豊かな、優しく穏やかな性格のさとしがクラスの中心になってきた。

四歳児をまきこむ遊びが増え、四歳児もだいきに意見を言えるようになり、だいきが泣きながらごんごんに助けを求めて来るようになる。その都度話し合いを持ち、仲間の批判や問題をわかりやすく伝えながら、だいきが人の話を受けとめて、どうしたらよいのか考える力を引き出した。だいきの遊びの発想の面白さは変わらず、相変わらず子どもたちと共にあることが救いだった。

そんな九月のある日、だいきが帰った後、二歳児の子が「だいちゃん、ぼくのわっぺん（キャラクター）とっておうちにもっていったあ～」と訴えて来た。

さっそく翌日話し合いを持った。

「どうしたの？」

「……ぼく、ほしかった」

「ええ～、ほしいからって、ひとのものとっていいのか～？」

子どもたちも強くなったとごんごんは嬉しくなる。

「ゆうきのだいじなものだぞ」

「ないてたよ」

「だって……だって……がまんできなかった」

自分で葛藤があったこと、我慢したことが、だいきの成長だとごんごんはちょっとほっとした。

「がまんできなくたって、ゆうきのことかんがえろ～」

「どうしてもほしいときは、おかあさんにかってもらえばいいさ」

「おとうさんもおかあさんも、あ～いうのはかってくれない」

そうなのだ。しっかりした価値観をもつだいきの家庭では、それはあまり教材としての価値を認めないに違いないとごんごんは想像した。

「あのね、たんじょうびにかってもらえば？　たんじょうびまで、まってるといいよ」

「……でも……だめだよ」

「えっ～、たんじょうびでもかってもらえないの？」

みんながざわつく。誕生日までの見通しが最大限の希望だった子どもたちからすると、もうお手上げだった。

「どうしたらいいんだろうね……」

しばらく沈黙のあと、

「でも、やっぱりとるのはだめだよ」

「がまんしなくちゃ」

「ほいくえんにいるとき、かりるだけにすれば？」

「……うん……」だいきが静かにうなずく。これが解決かもしれないとごんごんは思う。

「わっぺんはどうしたの？」

「ぼくのうちの、たんすのうえにかざってある。あしたもってくるから」

宝物のように大事にたんすの上に飾ってあるのだろう。その心がいじらしかった。

「そうだ、そうだ、そうしよう。そうすればゆうきくんもゆるしてくれるよ」

みんながほっとした。

翌日、だいきは晴れ晴れとした表情でワッペンをゆうきに返した。取り巻くみんなの笑顔が輝いていた。その傍らで母親が「ごめんね、気づかなくて、昨日見慣れないものがあるとは思ったのに」と、つぶやいた。

十月になるとクラスは運動会一色になった。とりわけグループ対抗のリレーは拍車がかかった。毎日の遊びの中で「まけた！」「かった～」と一喜一憂の日々。だいきは必死でいつでも勝ちたい自分と戦っていた。勝ったチームへのねたみ、追い越された子への個人攻撃、チームはだんだんバラバラになり、悔し涙にくれた。ごんごんも作戦会議に参加しながら子どもたちの意見と知恵を待ち、練習を重ねた。だいきはみんなに自分の行動を批判されても、涙をこらえて必死に聞こうとした。

「どうしても、いっとうになりたい」

「どうしたら、いっとうになれるか」

だいきは一度も放棄せず、友達と取り組んだ。何度も走者の順番を変えてみる。遅い子と一緒に走って励ます。バトンタッチの仕方を工夫したり、言葉かけをする。他児の一生懸命にやる姿を認める。負けた要因を分析してみんなに伝える。みんなの目標を定める。ごんごんの時々の提案より、誰もがだいきの提案に納得して取り組んだ。

そして当日、だいきはアンカーを務めた。どんどん追い抜かれていくチームの子どもたちの姿を必死で追い、自分に手渡されるバトンを、ラインぎりぎりのところまで下がって待ち受け、精一杯手を伸ばし受け取って、一目散に走り出した。

その姿はまぶしかった。チームの誰もがその姿に釘付けで必死に声援を送っていた。一人、二人とゴールし、たった一人になって走り続けるだいきに親はもちろん誰もが声援を送った。

「やった～やった～！」チームの子どもたちと手をつないでゴールの喜びにひたる姿がそこにあった。

順番よりも大事なものが子どもたちの心の中に芽生えたのだろう。

翌日の保護者の連絡ノートには、だいきの親はもちろん、他の子どもの親たちもだいきの姿に感動した文字がぎっしり並んでいた。

宝の山・瑞宝殿

保育園の近くに伊達政宗公の廟のある瑞宝殿と呼ばれる山がある（広さ六ヘクタール）。今では立派な歴史建造物で、訪れる観光客があとを断たないが、その頃は朽ちたお墓がある程度で、自然豊かな保育園の遊び場だった。長い石段、豊かな野の花の群生、走り回れる大地、蔦のターザンごっこ、枯葉の滑り台、かくれんぼ、探検ごっこ……とあらゆる教材、遊び道具の備わった天然アスレチックフィールドだった。誰をもとりこにする魅力的な遊び場だった。四季を通して楽しめる教材の宝庫だった。三歳児クラスになると、どの子もここに行きたがりよく遊んだ。四、五歳になると、近隣の地理感覚もつかめ、いろんなバリエーションを子どもたちで工夫した。ここで遊ぶ日は、帰りの時間を告げると決まって「え〜、もうかえるの？　もっとあそびたい」と子どもたちの言葉が返ってくる。大好きな、飽きない場所だった。

そんなある日、ごんごんは大胆な試みを提案した。山の中央部分に集まって、

「ね〜、今日はみんなが好きな所で何して遊んでもいいから、いつも帰る時間にここに集まって」

「え～、すきなところにいっていいの？」

「どこでもいいの？」

「やったあ～」

「でもね、一人ぼっちにならないよう、必ず友達と一緒に行って。何人でもいいから。そして、いつもの時間に必ずここに集まって。それから困ったことが起きたらごんごんはいつもここにいるから相談に来て。いい？」

「いいよ、いいよ」

そう言うと自分たちで仲間を募り、あっという間に四方に飛び散って行った。

「だれといくか」「とけいがないのに、どうやってじかんをみるの」

そんな心配は誰の口からも出ないのが不思議だった。というより、ごんごんすらそんなこと考えなかった。ただ、何となく、独りきりにさえならなければ、いつもの遊ぶ時間が体に染み付いていて気づいて帰ってくるに違いないという、根拠のない確信のようなものはつかんでいた。何かが起こったら……何とかなる……何とかする。

時計を見ながらそこに座り、『誰が先に帰ってくるのだろう。心配で遊ばずに帰ってくる子は誰だろう。一番遅い子はいつもの時間からどれだけ差が出るのだろう……』と半ば楽しみながら想像していた。不安はあまりなかった。

早く帰って来る子はいなかった。そろそろ来る頃だと思って立ち上がった頃、

「あ～おもしろかった～」

「もっとあそびたかったけど、もうかえるじかんになったんだよ～」

「みんなはかえってきた～？」

「もっとおくまでいきたかったけど、がまんしてかえってきたあ～」

四方八方から思い思いの満足そうな表情であっという間に集まってきた。みんなで友達を確認すると五分の差もなく全員が集まった。これにはごんごんのほうが驚いた。

「みんなすごいね。いつもの時間にちゃんと帰って来れたね。何か困ったことなかった？」

「あった、とちゅうでいきたいところがわかれたの」

「でもね、どっちにするかそうだんしたら、ひとつにきまったよ」

「ころんでも、ちがでなかったから、そのままあそんだ」

「○○ちゃんね、やまでひっくりかえったの」

「みんながギャハハハってわらったら、○○ちゃんまでわらったの」

「だいじょうぶだよ、おれたち」

みんなの一言一言を聞いているうちに、ごんごんは涙がこぼれそうだった。けんかも争いも絶えないけれど、ここぞっというときの判断力と団結力が育っている。心の中に、体に、しっかりと先を見通す人生の時計を持っている。子どもたちがたくましく見えた。子どもたちの言う通り「だいじょうぶ」。子ども集団が育っている。

今考えるとどこかぞっとするごんごんの試みだった。何かが起きたら一体どうするつもりだったのだろうか。ただ確かに感じるのは、毎日のトラブルをみんなのこととして投げかけ、誰かが解決の糸口を提案することが、みんなの思考をくぐり抜けて、ひとつの結論に達する過程を自分のものにしていた。考える力は全身にある。心と体が一体だった。

その後、ネパールで暮らすきっかけを得、サチコールの子どもたちからこのことを裏づける体験をたっぷりもらうことは、この時のごんごんの見通しの中には微塵もなかった。

宝の山・瑞宝殿で遊ぶ

こんこんの
保育笑説
第2章

人は人を人にする

保育士時代の子どもたちとの日々で「人は人と人とのぬくもりの中で人となり、育ち合う」という確信のようなものをつかんだ。人間育ちの原点を学び直したいという思いで出会ったスリランカ、ネパールの子どもたちとの出会いは、国や言葉、習慣の違いを越え、その思いをさらに裏付けることの連続だった。

そして、再就職して出会った、障害児通園施設の子どもたちと、そこの卒園生のかつらさん。かつらさんの書いてくださった言葉「人は人を人にする」は、私の思いの余分なものをスッパリそぎ落とし、人として生きることの神髄をついているように思える言葉だ。

恋するスリランカ

「いつか、一ヵ月の休暇をください」

ごんごんは山歩きが好き。日本の山を登りながら、いつか一度でいいからヒマラヤをこの目で見たいと願っていた。「いつか、私に一ヵ月の休暇をください。ネパールのヒマラヤトレッキングに行かせてください」。仕事に就いてからずっと職場に言い続けてきた。クラス担任をしながらそんな日は本当にくるのだろうかと半信半疑で言い続けてきた。

人事異動で姉妹園の主任となって数年が過ぎた。大きな保育行事のない十一月をねらって、早期に休暇願いを提出した。さっそく職員会議が開かれ、意見交換。十四、五年も耳にし続けてきた園長・職員は「ついに来たか」との思いか、あっさり認めてくれた。

英語が苦手なのでツアーを探しているところへ、友人が「一人で行ったほうが面白いよ」とささやく。「ネパールに到着しなかったらいやだからツアーで行く」という言葉に、知り合いの小さな旅行会社を紹介された。

「行きたいという情熱と、行くという決意があれば何でもやれるもんだよ」

旅行会社の担当の菅野さんの言葉は衝撃だった。難しい条件は何もなかった。勇気をもらった思いで、いともあっさり一人旅。カトマンドゥの空港に、日本語のできるガイドが迎えに来るという条件で旅がスタート。子どもたちにさんざんネパールを宣伝して飛び立った。

最高の山旅だった。言葉がわからなくても、産休明け保育の経験がものをいって、ボディランゲージ、怖いものなし。窮すれば通ず。道ばたにたむろう小さな子どもたちの輝く瞳、たくましさに虜になりながら、エベレスト街道まっしぐら。山旅をしながら、子どもたちへの視線が深まっていく自分を感じていた。

帰国後も、子どもたちに語ることはネパールの話。子どもたちは大人が目を輝かせて話すことに興味をもつ。「もっと、もっと」と子どもたちまでネパールの話の虜になる。

一年が過ぎようとする頃、もう一度ネパールの子どもたちに会いたい衝動に駆られる。「一度でいいから」と言いながらもらった休暇。今度はどう言えばいいのか迷ったが、抑えきれず、またまた三週間の休暇をもらって出発。そして翌年も……。

三度の旅を終え、もうネパールの子どもたちの姿が目から離れない。もうこれ以上の休暇は無理と判断し、退職を考えた。

当時、保育園の子どもたちに習い事が流行り始めた。ピアノ、スイミング、公文、英語、バレーと子どもたちに早帰りの姿が目立ってきた。習い事を否定する気は毛頭ないが、同時に子どもが泥んこで上手に団子を作れたこと、その団子を友達に「どうぞ」って差し出して、ごっこ遊びが楽しめたことを、同じように認めてほしいと願った。大人は大人の基準で現実に素直で、英語を話す力を喜ぶこと、団子を作ったことの喜びの表現は明らかにトーンが違っていた。子どもは違いを感覚的に鋭くとらえる名人だ。大人の喜びに敏感に応え、ますます英語に興味を募らせる。伝えきれず保護者と一致できない自分の保育力の弱さを感じた。

ネパールの子どもたちから保育、人間育ちの原点を学びなおそう。学びなおして、もっとしっかり根っこを語り合える力をつけよう。彼らと暮らしながら学ぼう。一年暮らしてもう一度保育現場に戻ろう。

それでも、いざ退職を考えると将来も含めて不安に襲われた。保育士はごんごんの一生の仕事。一生のうちの一年間ぐらい、お金も含めて何とかなる。帰国後、万が一保育の仕事が見つからなかったとしても、ラーメン屋の皿洗いぐらいできる。自分を支えるのは自分だけ、その自分が自信を持って保育をしていくためには、今、自分が納得することをやるしかない。一九九五年、退職決意。ごんごんは四十八歳を迎えていた。

山から海へ

いざ、退職したものの、海外で暮らす手立ては？　いつも「犬が歩けば棒にあたる」的な生き方をしてきたが、今度ばかりはそうはいかなかった。ネパールのどこへ、どんな手立てで暮らせるのか。そこで、思いついたのがボランティア。でも、思い当たるところは日本国際協力事業団（ＪＩＣＡ）ひとつ。しかしここは英語が必須科目、最初から無理。でも、あきらめる訳にはいかない、ここは犬棒人生、おまけに藁をもつかむ心境。

とうとうと説明する係官の声が途切れたとき、「英語がだめなので無理なのです。どこか、民間のＮＧＯのようなところはありませんか？」と恐る恐るたずねた。「日本シルバーボランティアズ」（ＪＳＶ…四十五歳以上の人が登録、世界中に派遣されるボランティア組織）を紹介された。シルバーが気になったがこの際とにかく東京の事務所に駆け込むしかない。

そこで応対してくださったのが横塚氏。ネパールはないがスリランカの重度障害児施設「プリティプラ・インファントホーム」ならあるという。条件は健康であること一つ。英語力は必要なし。この言葉が退職している身の背中を力強く押してくれた。子どもがいればどこでもいい。

「はい、行きます」

「じゃ～行ってこい」

しかも、看護師の赴任が既に決定していて、出発を待つばかり。既に組まれたレールの上にちょっこり乗っかってお邪魔虫。

横塚氏の見送りの一言が見事だった。

「いいか、いやだったら一日でもいいから帰って来い。ボランティアは嫌々やるものではない」

「一日で帰ってもいい？　そんな見送りの言葉ってあるの？」

この言葉の奥深さと神髄をわかるはずもなく、山から海へ、あっさり鞍替えしスリランカの旅へ。

困惑しているのはまわりではらはら見守っている子どもと大人。

「どこへ行くの？　どうなるの？」

プリティプラ・インファントホーム

絵に描いたような椰子の木の茂るインド洋の海岸沿いに立つ施設。それだけでドラマの主人公気取り。案内された施設の中に一歩を踏み入れて驚いた。まるで倉庫。粗末なベッドが無造作に並ぶだけ。ひょいとそばのベッドに目が行き、四十五センチほどもあると思える頭の子どもの姿が目に入った。一瞬へなへなと全身の力が抜け、倒れかかったとき、

「ホラ、見てごらん、肌がすべすべしてきれいだよ」

同行した看護師すみ子さんの声に我に返ってベッドの柵にかろうじてつかまって、自分を立て直し

た。

「水頭症よ。日本だとすぐ治療するからこんなにならないのに……でも、ホラ、見てごらん。目は見えないよね、でも耳は聞こえるよ。音楽聴いてるよ」

耳元の音を聞きながら足をばたつかせ、両手をもてあそびながら音を楽しんでいた。

私は一体何を見ているのだろう。何を恐れているのだろう。

すみ子さんに助けられて、今まで日本で得てきた知識や生活、価値観はすべてこのインド洋に流し捨てよう。ここの、この子どもたちとまっさらな気持ちで向き合おう。子どもたちのすべすべのこの肌から一歩を踏み出そう。必死の決意をインド洋から吹く風が心地よく包み込んでくれた。

子どもたちはみんなやせて、まるで黒い針金のような体だった。日本に生まれれば、こんな重度にならずにすんだのに。生まれる国を選択できない子どもたち。救いは、どんなに重度であっても目を見張るような生命力のたくましさ。その力に助けられた。

スレッシュ

スレッシュは十歳位。泣かない、笑わない、怒らない、動かない。いつもバギーに座ってじっとしていて手のかからない子。食事は咀嚼することなく丸呑み。八十五人の入所児（者）を十四〜五名のスタッフで二十四時間ケア。スレッシュのような子は手がかからず、一日中声をかけられることがないに等しい。それに気づいてからは、意識的に一日一回、スレッシュと向き合う時間を設定した。

名前を呼んでも反応なし。歌を歌っても反応なし。でも、バギーを動かすときだけは長い足を素早く引きづらないように持ち上げていることに気づいた。すごい力だ。

「てをたたきましょう」の歌をシンハラ語（スリランカの言葉）に替えて、毎日体をくすぐりながら繰り返した。一ヵ月、二ヵ月、まったく反応なし。体をくすぐっているのに反応なし。ちょっと気が滅入ってきた。でも、ピッと反応する足先の感覚が心をとらえ、あきらめずに続けた。

そしてある日、「ヒナベンヌ（笑って）ワッハッハ……」と体をくすぐると、身をよじらせて「クックック……」と声を殺したような笑い声とも思える声を発した。

「スレッシュが声を出した！」

「スレッシュの声をはじめて聞いた」とスタッフたちが集まってきた。

ついに声を出した。笑った。あきらめなかったことにホッと胸をなでおろした。

子どもたちの体は一様に硬直している。洋服の着替えも、人の関節はどこが曲がるのか不安になるほど硬直し、自分の体で試しながら着替えに手間取っていた。リハビリの専門知識などなく、硬直した体をどうしてやることもできずにいた。

でも、スレッシュが笑ったとき、スレッシュはその硬直した体をよじらせて笑った。日ごとに手足をばたつかせることすらあった。私にリハビリの知識はなくても、心をくすぐり、笑いを誘うことはできた。笑いによって、スレッシュは自分の力で体を動かす。自らのリハビリだ。

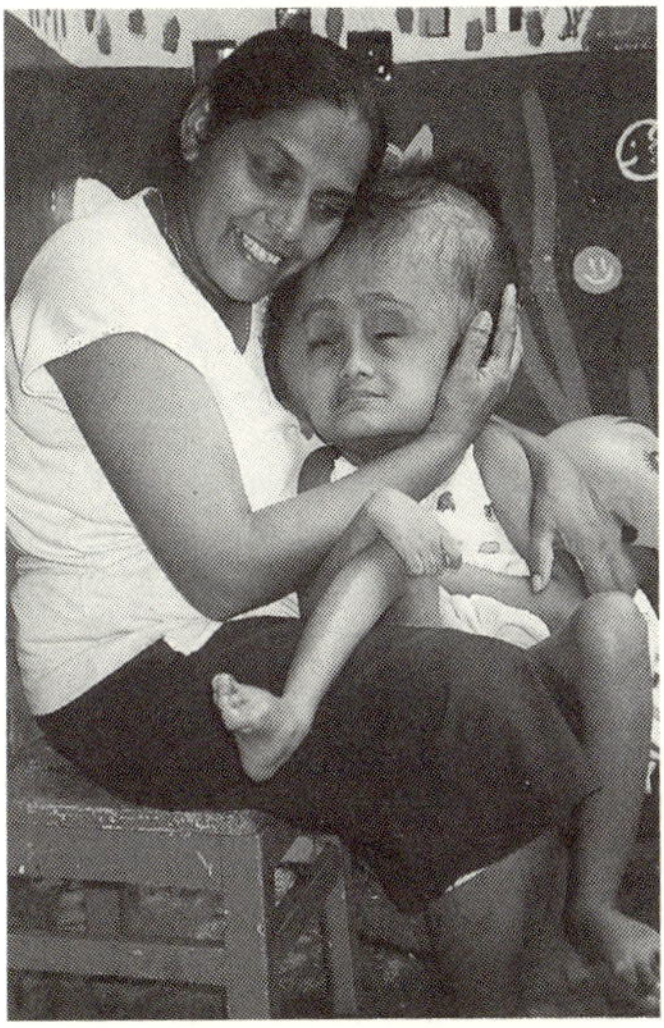

水頭症の子ども

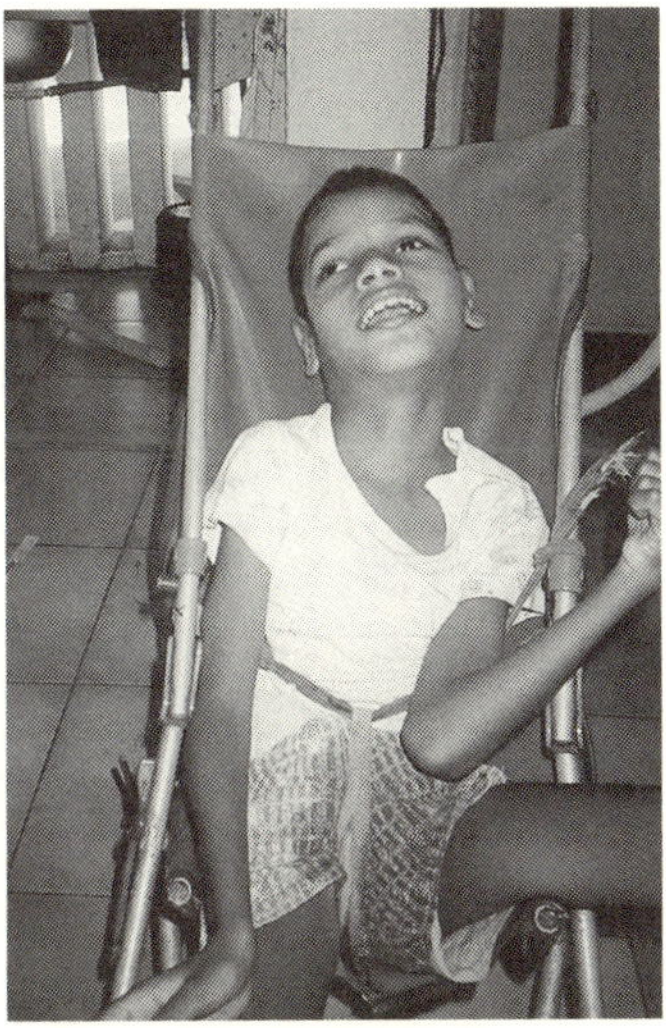

スレッシュが笑った

ホームのすぐそば、インド洋で遊ぶ

「心をくすぐる保育士」――それを目指せば、子どもは内に秘める力を自らの力で発揮する。そんな保育士なら私にもなれる。俄然勇気が湧いてきた。翌日から、いつもより軽やかに、スレッシュと向き合った。「ヒナベンヌ　ワッハッハ……」が園内に響き渡った。

スレッシュだけではない。大人の心の内のその日の襞を敏感に嗅ぎ取る力を持つ子どもたちが、いつもより軽やかな明るい歌声に反応しない訳がない。スレッシュの前に周囲の子どもたちが「ああ～っ」「ううっ～」と声の波を返してくれる。その喜びに乗ってスレッシュに向き合う。

ある日、「ヒナベンヌ　ワッハッハ」のヒナベンヌの歌のあとに体をくすぐるリズムをつかんだスレッシュが、実際にくすぐる前に全身をゆすって笑い出した。

「やった～！　ついにやった～」

スレッシュはくすぐりを予想して笑っているのだ。まだくすぐっていないのに予想している。次を見通す力の築きだ。この力が生きる希望の土台になる。困難の先にある喜びを見通して、今ある困難に挑む力の土台になる。スレッシュが獲得したこの力が、とてつもなく大きな、大事な宝物であることがインド洋の大波より大きく押し寄せてきた。あきらめなくてよかった。

「心をくすぐる保育士」は、ごんごんの目標になっていく出来事だった。

ありがとうスレッシュ。ありがとうスリランカ。

三ヵ月の期間はあっという間に終る。スレッシュはこのあとどうなるのだろう。

子どもの発達は一年を見通したいと、横塚氏に一年の赴任を依頼した。しかし、厳しい環境での厳しい労働を懸念し、三ヵ月を命じられた。帰国のその足で事務所に赴き報告し、できるだけ早い時期に、再度一年間の赴任希望を伝えた。

「何をそんなに気に入ったのか」。あきれられた。

「子どもが気にいったのです。子どもたちがいろいろ教えてくれるのです。毎日が楽しいんです」

その二ヵ月後、一年間の約束を手にして再び機上の人となった。

『スレッシュはどうしているの?』

スレッシュは、忙しいスタッフたちとの日々で、泣かない、笑わない、怒らない、動かない、手のかからない、いい子に戻っていた。厳しい現実。

でも、あきらめないことを学んだごんごんは、再びスレッシュと向き合う時を持った。スレッシュはまったく以前の状態に後戻りしたかに思えたが、一ヵ月も要さずに、力を呼び戻してくれた。「スレッシュ」の呼び声に応じて、視線を向けるようにさえなった。

チャミンダー

チャミンダーは十一歳。体は小さく細く、首もすわっておらず、三角滑り台のようなマットに仰向けになって食事をする。理解力はあるが言葉はなく、顔の表情で気持ちを伝えていた。飲み込みも悪くすぐ苦しそうになる。便秘もひどく、チャミンダーを苦しめていた。オランダのボランティアのシッカは看護師、楽しく語りかけながら、意思を確かめながら丁寧に向き合っていた。

シッカはシンハラ語も英語もわからない日本語オンリーのごんごんの言動もよく理解し、場に合ったシンハラ語をひとつずつ、ごんごんに教えてくれたりもした。

シッカの手が回らないとき、スタッフが食べさせようとすると口をつぐみ、目をそらす。力づくに屈して食べるときもあるが、腹立ち紛れのスタッフにほっぺに一撃見舞われても抵抗する意志の強さもある子だ。ごんごんは遊びで向き合うときの視線の柔らかさに魅かれながらも、食事は何となく決心がつかずに、気にはなりながら向き合うことがなかった。

シッカの手が回らないとき、思いきってチャミンダーに尋ねた。

「今日は、私がご飯食べさせてもいい？」

『まっていたよ』というような、嬉しそうな目が返ってきた。ほっとした。受け入れてもらえた。

こうなると、ルンルン鼻歌まじりで準備が軽やかに進む。

『ほんとにもう～、子どもみたいなんだから』

そう言いたげな、まるで子どもを見守るような嬉しそうな視線で包み込んでくれている。

「さ～チャミンダー、お待たせ～」

チャミンダーは笑いをこらえるようにして口をあけた。一口。「もぐもぐもぐ……」。チャミンダーの咀嚼はゆっくり。シッカとのやり取りをごんごんはずっと見続けてきた。スタッフが焦って口に押し込んでやったら、むせて苦しくなる前に口をつぐんでそっぽを向くチャミンダーの抵抗にあうことも、ごんごんは横目で見ていて知っている。語りかけながら、意思を確かめながら、ゆっくり口に運んだ。チャミンダーは目をそらすことなく、それ以上に、嬉しそうに目で笑いかけながらもぐもぐ食べた。食べきって声を出して笑った。

シッカがどこで何をしながらこの光景を見ていたのか、その後、ときどき、チャミンダーに確かめながら食べさせる役割をごんごんに託してくれた。二人の心は急速に接近した。

夕食を終えて、就寝の準備をする夕方の時間がスタッフの一番忙しい時間だ。夕食を済ませた順に、きれいにしておしめを替えて、衣類を替えてベッドイン。食卓とベッドの間をスタッフは行ったり来たり。足早の動きの中で、何となく視線を感じてみると、チャミンダーがごんごんの行動を必死に視線で追っている。彼の首の動きには大きな制約があるにもかかわらず。往復の間に視線が合うと手足をばたつかせ、声を上げて笑う。一緒に笑いながらもごんごんの動きは止まらない止められない。「待っててね〜待っててね〜」の日本語を聞いてシッカが「ボッターキンヌ」というシンハラ語を教えてくれた。初めて覚えたシンハラ語がボッターキンヌであることがちょっと侘しいが、こうして少しずつ子どもに通じる言葉を会得していった。

そして、全員がベッドに入ると「さあ〜お待たせしました、やっと遊べるよ〜」とベッドにおおいかぶさると、チャミンダーがキャッキャ笑いながら目をそらす。「鬼ごっこの始まり始まり〜」。負けじとチャミンダーの視線を追うごんごん。自由に動けるごんごんがチャミンダーの顔におおいかぶさると、チャミンダーが観念して大喜び。『つかまったぁ～』。

今度はチャミンダーが鬼。ずるがしこいごんごんは執拗に視線で追い回されると、絶対つかまらないベッドの下にもぐる。かなわないチャミンダーは知恵を働かす。視線がだめなら声「あ～あ～アッカ～（スタッフの意）」と言葉すら発し出す。「すごいぞすごいぞ」「アッカ～」と呼ばれたからにはつかまったも同然。「ベッドの下にいるのはわかってるぞ～」の言葉同然。「降参、つかまったぁ～」とばかりに視線を合わせる。得意満面のチャミンダーの目。

走れなくても、歩けなくても、鬼ごっこだってかくれんぼだってできるんだ。

沢山の障害を背負っている子どもたちが、一つひとつ、こうして障害のベールをはがしてくれる。人間の限りない可能性を示してくれる。生きている喜びを伝えてくれる。

ある日、チャミンダーは風邪をこじらせ、食欲がなくなり、ぐったりしてスタッフと病院に行き、そのまま入院。見舞いに行くと、病室がホールのような大部屋ひとつ。ずらりと並んだ大人のベッドの中に、小さな小さな体を横たえていた。『ここにいたら病気はひどくなる』。そう思える状態だった。

ベッドに近づくと、まるで『もう、ぼくはだめだー』というような、深く沈んだ目でごんごんを凝視し、動かなかった。

「チャミンダー、チャミンダー」

「元気出して」とも「頑張って」とも言えず、ただただ名前を呼んで体をさすってやるしかできなかった。

数日後、施設長からチャミンダーの死が告げられた。号泣するしか術がない無力さにまた泣けた。生きたくても生きられない命がここには沢山あった。

トゥシャニー

トゥシャニー十歳。小頭症。スタッフに確認すると「目も見えない。耳も聞こえない」と言う。一日中、いつも椅子に座ったままで、スタッフに手を引かれれば歩いていた。

食事はみんながパンのときも、いつもカレーだった。どんな理由があるのか聞くこともできず、準備されたものを黙って食べさせていた。スタッフのやり方を見ていると、カレーを団子状に丸めてどんどん口に入れる。唇を閉じることなく、ほとんど咀嚼もなく飲み込むだけ。ときどき首を振って、のどのつかえを振りほどき飲み込む仕草。あっという間に食事は終わる。

しばらく観察していたら、長時間座り続けたり、ご飯を早くほしいときなど、壁や机に頭をがんがん打ちつけた。それでも意がかなわないと頭や顔をかきむしり、血まみれになることさえあった。目も見えない、耳も聞こえないといわれるトゥシャニーが唯一カレーのにおいに反応するので、彼女だけ毎日カレーであることもわかってきた。

トゥシャニーの食事介助を積極的にかってでた。

トゥシャニーは鼻でご飯をかぎ分け、どんどん身を乗り出してくる。でも決して手を出して、ご飯を確かめようとはしない。においをかいですぐ口にご飯が入らないと頭を机に打ち付け、顔をかきむしるいつもの仕草が出るのだ。待ったなし。

「咀嚼をすること」「一口ごとに飲み込むこと＝唇を閉じる」ことに留意した。が、唇をいったん閉じるともう食事はおしまいというように口をつむいだままあけない。食事介助は難題が山積みだった。

それでも、スタッフはじっくり向き合えなくても、ボランティアなら根気よく向き合えばできるはずだと肝に命じ向き合った。目や耳の機能がどうなっているかわからなくても、眠っている心をくすぐることぐらいできるはずだと希望を持って向き合った。

まず、カレーのにおいに反応したら、すぐ口に入れず、手を持って歌を歌った。初めは頭をぐりぐり寄せ付けてきて催促していたが、だんだん、歌を歌うと目を閉じて耳を寄せてくるような仕草を見せた。「もしかして耳が聞こえる？」でも確信が持てない。歌のあとは「ご飯食べるよ〜」と唇にちょんちょんと指でふれた。そんなことの繰り返しで、匂いには反応しても歌や、唇への合図があるまで待てるようになってきた。待たせることの必要性はないけれど、待てることの力は必要な力に思えた。トゥシャニーはそれをちゃんとわかってもきた。

一口ずつの咀嚼と食べきりも、唇を閉じてやり、飲み込むと次の口をあけるようになってきた。時間がかかってもしっかり向き合おうといつも自分に言い聞かせた。

ご飯の準備が遅れ、空腹で耐えられなくなって頭を打ち付け出しても、歌を歌ってやると落ち着いたり、立ち上がってリズムに合わせて動こうとするようになり、完全に耳が聞こえていると確信できた。この頃、ウサギのダンスの歌が好きで、両足とびでリズムに合わせ、みんなのリクエストに応えて一緒に躍るようにさえなった。

さあ~次は歩行。いつもスタッフに手を引かれなければ歩かないのは、目が見えないから？　椅子から立ち上がり、歩き始めたとき手を離すようにした。しかし、失敗。手を離した途端トゥシャニーはしゃがみ込んで歩かない。

そこで、手押し車を利用した。でも最初は物を持つ感覚がないらしくいやがった。親指はいつでも内側へ食い込んでいて、人差し指との対向で物をつかむことができなかった。そこで手押し車のハンドルを親指を広げて握らせ、その上からごんごんの手を添えて手押し車を押すようにした。これは成功。安心して歩き出した。回を重ねると一人でも手押し車を押すことができた。だが、何かにぶつかるとお手上げでその場に座り込んだ。そこで、動けなくなったとき、両足とびをするように体で伝えた。実際の場で両足とびをしたときは、ごんごんのほうが飛び上がって喜んだ。学習できた。

こうして「助けて~」の合図が両足とびになり、手押し車歩行の持続が可能になった。ある日、両足とびのSOS発信に気づきながら、他の子の手が離せずすぐに駆けつけられないとき、トゥシャニーはしゃがみこんだと思ったら、そのままずりずりと動き出した。見ると、光の射す方向に移動している。その後は、物にぶつかると、両足とびもやめ、しゃがみこんでずりずりと、確実に光のある方向に移動し、日向で砂をつかんで遊ぶようになった。すごい進歩だ。砂をつかんでいる。両手で遊べるようになった。そばに行って「トゥシャニー」と呼びかけると耳を寄せ、器に石ころを入れて渡

トゥシャニーの「独立記念日」
自らの意思で立ち上がり
自らの意思で歩いた日

トゥシャニーとごんごんのうさぎのダンス

すと耳のそばでカラカラ振って音を楽しむ姿が見られた。

ある日、シッカが「ひろ子、ひろ子、見て～！」と大きな声。「ホンダイ（グット）」と親指を立てて喜んでいる。見ると庭の中央に座っていたトゥシャニーが自分で立ち上がり、片足を軸にして弧を描くようにして歩き出している。

「やったあ～」

トゥシャニーの独立記念日。自分の意思で自分の力で立ち上がり歩き出した独立記念日だ。

その後、トゥシャニーは、名前を呼ばれるとニッコリし、光の方向に手を突き出して安全を確かめながら歩いて行って、自分の居場所を見つけて遊ぶようになった。

「目でみる」「耳で聞く」「両手を使う」「歩く」――眠っていた自分の力を、徐々に徐々に取り戻してきた。子どもの内在する力は大人には計り知れないものがある。眠っているものを呼び覚ます手伝いは誰にだってできる。あきらめないことだ。トゥシャニーが沢山のことを教えてくれた。毎日が一層楽しい日々となってきた。

電気も水道もない山奥の寄宿舎

インファントホームが運営する施設には、他にもスリランカ中央部の山間部、キャンディーの近くに障害児の全寮制の学校があった。施設長に突然、そこへの赴任を命じられた。一年の期間のあと三ヵ月、プリティプラで最後のまとめをしたかった。それにシンハラ語ができない身で学校に行くのはいやだった。

「シンハラ語がもう少し上手になったら行きます。今回はプリティプラにいます」

力強く宣言したはずなのに「あなたのシンハラ語で充分です。行ってください」と言われたら、断るすべなく「はい」と返事をしてしまった。

そのとき、ひょいと頭に浮かんだのが、すっかり忘れていた子ども時代の小さな夢「山の分校の先生」だった。夢は未来に描くものとばかり思い込んでいたが、過去の、手繰り寄せる夢もあるのだとそのとき思った。くもの糸のようにはかない糸かもしれないが、切れないようにそっとそっと手繰り寄せる思いで、その夢を抱いた。

ホームの車で三時間強揺られ、コタガラスクールに赴任した。見送りのみんなが帰るとき、一人取り残される心細さ。

「どうしたの？　売られていくような牛の目をして」

そんな冷たい言葉を胸に突き刺して、みんなは帰って行った。

寄宿舎のひとつのアンバセワナが仕事先。何度か訪れて知っているはずの、電気も水道もない生活のスタート。子どもたちはよく働くし、言葉を話せる子どもも多いというのに、自分が一人ぼっちになるような心細さを感じるのはなぜ？

夜になって、二時間だけの自家発電。みんなの顔が見えてほっとした。電気も消えて、もう寝るしかない。疲れた体はあっという間にベッドでダウンした。

翌朝は暗いうちの活動開始。ベッドの掃除と消毒を命じられたが、何も見えない。仕事仕事と焦れば焦るほど、きれいになっているのかどうか、気持ちが沈んでいった。子どものケアなど手が回らない。子どもの食事の準備と言われても、子どもたちのほうが要領を得ていて早い。何をやればいいの？　何ができるの？

暗い部屋で大人の食事の番になり、ほっとしたのもつかの間、一汁一菜のような質素な食事に驚いた。それでも、時間が経つごとに朝日が差し込んでくるのが嬉しかった。周囲がはっきりと見えることに安心した。

一日が終わりまた夜がくる。暗くなる夜がいやだった。自家発電があるといってもわずか二時間。その後が怖かった。体も心も疲れて、ベッドに入るとすべてを忘れてあっという間に眠り込んだ。

二日目の暗い朝が怖い。仕事ができない。だんだん悲愴感に襲われてきた。どうしたらいいの？どうにかなる環境ではない。自分が馴染むしかない。受け入れるしかない。ない……ない……自分を奮い立たせる言葉は何もない。

三日目の朝、すべてから逃れたい気持ちに襲われ、もがいても、どうすることもできない。放心状態。涙を一粒こぼしたらすべてが崩れる恐怖に涙をぐっとこらえた。夜のベッドだけが救いだった。

四日目。放心状態で思考力なし。頭真っ白。与えられた仕事の意識もなく、ただ動くものを追っていた。動くもの……それは子どもの後追いだった。子どもたちが真っ暗な中で、服を着替えたり掃除をしたり不思議なほど動いている。その後を追って同じことをした。着替えの手伝いをしたり、掃除や片付けの仕事をしたり、自分の仕事はほったらかし。後追いをしながら、子どもと一緒に笑ったり、しゃべったり、何だか気持ちが落ち着いてきた。

子どもの後を追って、畑の中の井戸に水浴びについて行った。柵もない井戸の周りで、体の不自由な子どもたちが水浴びを始める。よろよろする子の間を多動な自閉症児が走り回る。とても生きた心地のする光景ではない。

「あぶないあぶない」「落ちる落ちる」

騒ぎまくっている。でも、すべてが見えるこの明るさに救われて、得体の知れない恐怖感から開放されていった。食事も暗い食堂よりも、朝日のあたるテラスで食べると落ち着いた。

「子どもの後追いをしよう」「子どもと一緒に仕事を覚えよう」

やっと自分を取り戻して、周囲を見回せた。ここで暮らしていこうと思えた。やっぱり子どもが救ってくれた。

やがて、緑のココナツ林での子どもたちとの暮らしの場が桃源郷に変わっていった。

六歳から二十代まで、十六人の子どもたちを二人のスタッフとボランティアのごんごんの三人での暮らしだった。

食事作りも含めて三人体制では、子どもたちも自ずと自分のことは自分でが鉄則になる。そのほかにも食事作りも洗濯も掃除も、やれる子がやらないと一日がまわらない。幼き頃の自分自身の生活スタイルに似ていた。

すべての作業を終えて、制服に身を整え、さあ〜通学。通学路も上り坂のあぜ道。普通でも困難なのに、さらに子どもたちは様々な障害を抱えているというのに、何をとっても驚くことばかり。どの子にも手をかけねば危険。そう思ってもスタッフは三人だけ。

早く学校へ行きたいと気の急く子どもたち。なかなか雑務の終わらないスタッフ。すると、プッシュパー（七歳）とニランティー（十七歳）が二人で歩き出した。プッシュパーは耳が聞こえない。虚弱で体が細く脚力もなくよたよた前のめりに歩く。ニランティーは頭の大きさは普通だが、体が細く、自分を支えて立つのが精一杯で、いつも大人の介助を必要としている。

その二人が顔を見合わせたと思ったら、二人で手をつなぎあぜ道の通学路に歩を進めた。「あぶない！」思わず走り寄ろうとして歩を止めた。二人の後ろ姿に釘づけになった。いつも左右によたよたと揺れ動くニランティーの体がバランスを保って歩いている。前のめりに田んぼにつんのめりそうに歩くプッシュパーがニランティーの手を借りてまっすぐに歩いている。信じられない光景だ。

「人」

まさに「人」の文字の現象を見る思いだ。支え合って立つ。支え合って人となる。

「いいんだよ、寄りかかって」

「いいんだよ、一人で頑張らなくて」

「いいんだよ、無理しなくて」

ゆっくりゆっくり、二人はあぜ道に馴染み、支え合って柔らかなリズムを持って歩を進めている。

「がっこうへいきたい」

「がっこうでべんきょうしたい」

その意欲が二人を美しくたくましく支える。

スリランカに、ここに在ることに、大きな大きな感謝の気持ちで胸がいっぱいになった。


あっという間の山奥の寄宿舎アンバセワナの三ヵ月が過ぎ、一時帰国した日本で、さっそく事務所を訪れ、さらに一年間の派遣願いを提出。横塚さんにあきれられながら三度目のスリランカに旅立った。

こうして一九九八年、三年間のスリランカ暮らしを終え、その年の秋からネパール・サチコール村通いの暮らしが始まるのだが、その間に並行してもう一つ大きな出会いがごんごんに訪れた。

なのはな園

通園施設の園長

ネパールから帰国した二〇〇一年早々、松野先生から電話が入り、用件は会ったときにということで、後日お会いした。松野先生は強い信念で障害児（者）問題に取り組んでいる。しかしその情熱は決して表面に出さず、いつも静かで穏やかに感じられた。ご自身は決して表舞台に立とうとはしなかった。ときどき研修会などでお会いすることがあり、秘めた信念に憧れを抱いていた。

「何ヵ月かの代替が必要なのかな」と気軽な気持ちでお会いした。ところが……

「四月からなのはな園（障害児通園施設）の園長をあなたにお願いしたいのです」

思いもよらぬ内容に驚くも、

「松野先生、園長は私だめです。私に合う役ではありません。それに私、障害児保育はダウン症のたくちゃんしか知らないんです」

「いいのよ、たくちゃんの実践だけで。私もずっと実践を聞いていますから」

「ええ～っ、それに私、ずっとネパールへ行ったり来たり続けます」

「いいわよ、日本にいる間だけで」

「ええ～っ、そんな訳にはいきませんよ」

「今度いつ行くの？」

「三月と四月の二ヵ月間です。もうすぐです」

「あら、そう？　行ってらっしゃい。帰って来てからでいいわ」

「いいえ、やっぱりだめです。何にもわからないのに園長はできません」

「あなたならできるから、大丈夫です。お願いします。じゃ～今日は考えてください。もう一度お会いしましょう」

何度会っても無理だと思ったけれど、それ以上押せずに次の日程を約束して別れた。

そして再会の日、

「松野先生、やっぱり申し訳ないけど無理です。四月に帰って来ても、翌年の一月は水タンクの開通式典があるから何としても一ヵ月行かないといけませんから無理です」

しばし沈黙が続き……。

「わかったわ、一年間、私が園長をします。あなたは副園長をしてください。二年目に園長になってください」

「ええ〜っ、先生、そんなぁ〜……」

絶句しながら、頭の中は言葉の大洪水。決して表面に出ることのない松野先生の一大、大決心！松野先生の下で一年間学べる最高のチャンスが目の前に。これを逃したら二度と来ない松野先生と仕事を共にできるチャンス。嵐のごとくの自問自答の瞬間はわずか、「はい、わかりました」。自分でも驚くこの返事。

どんな形で、どんな待遇で採用するか、一切の手続きは園の都合で進めてもらい、すべてお任せ。とにかくネパールから帰ったらすぐ電話をすることを約束して旅立った。


二ヵ月後帰国し、成田空港から電話を入れた。

「あら、お帰りなさい。あしたから園に来てください」

「はい」

翌日、緊張の面持ちで園に行く。駐車場で出会った職員に挨拶すると、

「おはようございます。みんなでお待ちしていましたよ」

と、明るい声で挨拶され、コチコチの緊張がす〜っと溶けていくのがわかった。

松野先生に迎えられ、四月一日からの採用通知を頂き、身に余る処遇を告げられ、その日から仕事が始まった。第一声は職員への挨拶。一生、忘れることのない挨拶だった。

「桜井ひろ子です。力のない者も、みなさんの力をお借りすれば園長職はやれるという実績を残すた

めに頑張ります。どうぞよろしくお願いいたします」

こうして通園施設の副園長の一日が始まり、ネパールボケの大脳と日本とネパールの時の流れの違いと大格闘しながら、しかし、図々しくその翌年の一月は、しっかり一ヵ月の休暇をもらってネパールに行き、二年目から大混乱の園長職を迎えるのだった。

それはまさに、みんなの力を借りて、周囲を大混乱に巻き込んでの大奮闘。保育園時代の子どもたちとのやり取り以上の他力本願であった。そして、保育園時代以上に、山ほどの貴重な人生勉強をさせてもらった。

最初の試練

朝の登園時間のホールは賑やかだった。歓声をあげながら所狭しと走り回る子、ピアノの上に登ろうとする子、玩具箱を全部ひっくり返す子、その間をよろよろと縫うようにゆっくり歩く子、トランポリンの上でこぼれ落ちそうに飛び跳ねている子、周囲の賑やかさに圧倒されながら、動く子どもたちを必死に目で追う、マットの上に仰向けで寝ている子。「あっ危ない!」「あっ踏まれる!」「あっ落ちる!」とめまぐるしく回転する自分の心。そんな心を必死に抑えながら、子どもたちに向き合おうとさらに必死に子どもを追いかけた。関わりたいというごんごんの心と裏腹に、追えば追うほど子どもは必死に逃げる。自分の身を守るかのように他人を避けられる場所に逃げ込む。そこは決まって、大人から見ると危険と思われる高所が多い。「焦るな焦るな、何かをしてやろうなんて気持ちを押し込めよう」。かつて、痛いほど学んだはずなのに、新しい環境でまた同じことを繰り返す。「動けばいいってもんじゃない！」。

仕方なく、ホールにどかんと座って、自分で遊び出した。ちょっとやるせない気持ちで。するとさっきまで必死で追いかけていた子が再びホールを走り回り、走りながらごんごんの背中をこづいていった。心の中を保育園時代のつよしが横切った。やっぱり子どもは自分で距離を測りながら、しかも背中からごんごんに発信してきた。追いかけられ、逃げながらも、ごんごんをしっかり観察し、自分のほうから近づいた。これでいいんだ。子どもたちがとらえやすい場に、興味をそそる遊びを展開しながら、子どもたち自身が近づいて来るのを待つんだ。そんなことの繰り返しをしているときに、こづいたあと、振り返ってごんごんの視線を確認するようになった。それはほんの一瞬のことだが、目を合わすことが少ないと言われる他動と言われる子どもたちの鋭い感性だ。その一瞬の交わりをキャッチする力は子どもたちがつかませてくれていた。この視線の交わりを繰り返しているうちに、こちらからの動きに興味を持つようになり、歩を止めて見入ることがある。働きかけに反応を示してくれるようになる。時間はかかるが、確実に呼応し合うことがある。こんなことの繰り返しで、今まで学んできたことを、失敗しながらさらに学び返しているごんごんがいた。

まわりの大人から学ぶ

一人ひとり様々な障害をどんなに抱えている子も、弱くはあっても一人ひとり違った形での他者への自己発信をしている。その発信の読み取り方は、親や職員、周囲の大人たちの関わり方を見ながら学んでいった。

ある日の朝、一人の職員が、かなと向き合っていた。かなは座位保持椅子に座り、テーブルに首をうなだれていた。身支度を整え次の行動をかなに語りかけ、意思を確認しようとしていた。「かなちゃんホールに行ってみんなと遊ぶ?」。反応なし。「部屋で遊ぶの?」。反応なし。「おしっこ出るの?」。反応なし。それからしばしやり取りが続いていた。ごんごんは内心、大人が提示したほうがいいのではないかと思っていた。しかし、二人のやり取りは続いた。七~八分も続いた後「もしかしてひかりちゃんに、おはようしたいの?」。その瞬間うなだれていた頭のまま、視線がきらりと職員の目にすいついた。小さな黒い瞳がほんの一瞬動いただけだった。それをキャッチした職員が満面の笑顔で「そう~だったの、じゃあ~おはようしに行こうね」。

ひかりは重度の重複障害を持ち、体温調節も難しく、ベッドで保育環境を整えることに細心の注意が必要で、毎日の登園も困難だった。そのひかりが登園していることを、かなは鋭くキャッチし、関わりを願って職員と向き合っていたのだ。なかなか伝わらない思いをあきらめることなく持ち続け、職員もまた、かなの内に秘められた要求の発信を受けとめるまであきらめることなく向き合った。職員に抱っこされてひかりに近づいたかなは、ベッドに手を伸ばしひかりの手に触れた。ひかりは目が見えない。でもかなと職員のやり取りを耳でしっかり受けとめていたに違いない。伸ばされたかなの手としっかり触れ合うと、かなのほうに心なしか身を寄せた。顔面麻痺のある二人には、誰もがはっきり気づける笑顔は弱い。でも、その筋肉が喜びで緩むのだ。誰かの介助を受けながら友達を求める二人の心がぴたっと重なり合うのだ。友達との共感が次の関わり合いの希望につながるのだ。

こんなこともあった。

入園してバス登園が始まり、親と別れての登園にバスに乗っている間、泣き続ける子がいた。園生活に慣れた後も、バスに乗ると泣いていた。職員みんなで話し合い、あの手この手で対応しても変化が見られなかった。それを耳にしていたバスの運転手が、数日後「どうも右に曲がるときに泣くんじゃないかと思う」と話し、翌日からバスが右に曲がる前に「けんちゃん、もうすぐバスは右に曲がりま～す」と予告を入れた。そのとき以来けんたの泣きがぴたりとおさまった。不思議な出来事だった。なぜなのか理由はわからなかった。そしてそのことを母親に告げたとき「あ～もしかして、いつも行く病院が右に曲がると着くんです。けんたは病院に行くときそのカーブで必ず泣くんです。嫌いなんです病院が」。これで納得だった。右カーブ＝病院＝嫌い、その関係がけんたの泣きの原因だった。言葉を発しないけんたでも、運転手の「右に曲がりま～す」の予告で、病院ではない右曲がりのカーブの見通しが持てて安心し泣かなくなったのだ。同時に、複雑に絡みつく子どもたちの内面の糸を、一緒に解きほぐす手立てが見つかれば、どの子も矛盾なく自分流で暮らしに馴染んでいくのだと痛感した。

一人ひとりの様々な形での弱い静かな発信を、しっかりキャッチしてその実現への必要な援助に気づく人がそばにいれば、歩けなくても、話せなくても、一人では何もできなくても、その人なりの自立はできる。自立とは自分の思いを他者と伝え合い、共に実現すること。それは向き合う人のありようで大きく違ってくる。まるで自分の価値観、生き方が試されるような出来事だった。しかも一人の力ではなく、周りのみんなで感覚をとぎすまし、知恵を出し合い確かめ合いながら歩む、学び合いの道だった。

手をつなごう

通園施設での園長職は思っていた以上に困難をきたした。

「あら、最初からあると思っていなかった力でしょう?」と先輩に一蹴、一笑されながら「力不足」「園長にふさわしくない」「職員が困っている」と愚痴りながら、「うつ病だ、うつ病だ」と相手かまわず弱音を吐いていた。ついには病院に駆けつけて「私うつ病です。診断してください」と医師にまくし立て「そんなうつ病患者はいません」とここでも一蹴された。

ちょうど、障害者自立支援法が提案され、このままでは障害者、しかも重度といわれる医療と療育を併せて必要とする子どもたちが危機に瀕するとあって、何としても打ち砕かねばならない法律だった。ただ、現実は重く、それに打ちのめされようとしている自分がそこにいた。いろんな機関、組織と連携しながらもがいていた。度重なる上京、会議。そんな時、岡本太郎の幻の大作「明日の神話」がメキシコで発見され、修復されて、東京・汐留の会場で一般公開されることを知った。何としても見たいと思った。鬱々とする自分の心に射す激しい思いだった。

東京で会議の続くある日、汐留に寄って行くことを計画した。しかし生憎、大雨注意報の流れる激しい雨に阻まれた。大作で屋外展示のため、雨天時は閲覧不可能。それでも諦めきれず、見れなくてもいいからその前に立ちたいと思い足を運んだ。大きな舞台の上のシャッターに阻まれていた。しかし、そこから発せられるエネルギーを不思議な思いで感じ入っていた。ずっとたたずみすぎて、その日の会議に遅刻した。

日を改めて、対峙するチャンスがめぐってきた。十一時の開場を待てずにシャッターの前に立った。やがて時刻がきて、シャッターが静かに開き出した。そこには写真で見てきた岡本太郎の「明日の神話」が君臨していた。被爆後の悲惨な現実、骸骨と第五福竜丸等の叫び、どれもが打ちのめされてはいなかった。そこにはどんな悲劇にも屈せず立ち上がる、人間の尊厳を掲げてあきらめない魂がみなぎっているように感じられた。なえていた自分の心に何かがみなぎり、「立ち上がらねば」「前に歩を進めなければ」と背中をどーんとつき押された気がした。何を思い悩み、何に打ちひしがれていたのか。一人ではない、職員がいる、保護者がいる、沢山の関係者がいる。手をつなごう、手をつないで子どもたちの生きる権利を主張しよう。真の自立につながる法律に作り変えよう。

保護者と共に全国の運動、そして市への訴えも含めてやれることが見えてきた。どんなに微力ではあっても、声をあげ行動を起こすことで何かが変わる。変えることができる。そんな確信を持って小さな歩を進めて行った。みんなと手をつないで。

たった一人の卒園式

六年間の通園施設での勤務がとにかく終了し、六十歳の待ちに待った定年退職だった。

最後の卒園式を目前にして、様々なことが脳裏をよぎり、一人になると涙することが多かった。しかし、卒園式当日は絶対、涙をこぼさず子どもたちに証書を手渡すことを自分に言い聞かせていた。思えばいろいろな卒園式があった。ぐるぐる会場を走り回る子どもを待って、待って、待って、ひらりと私の手から奪って走り去った子どももいた。とうとうトイレから出られなくなり、トイレの中で手渡したとたんに、喜び勇んでトイレから出て式場に戻り、みんなの大喝采を浴びた子どももいた。心拍数が上がって、看護師と共に控え室に戻り、呼吸を整えて証書を受け取った人工呼吸器をつけた子。いろんな形で、みんな一人ひとり違った自己表出を試みて、鈍感な私たちに必死に伝えようとする子どもたちだった。眠っている私たちの感性を、これでもかこれでもかと揺さぶりをかけてくれる子どもたちだった。すべての子どもたちとの出会いに心から感謝する。感謝の思いをこめて、最後の卒園証書を手渡して、式は終了した。

そして、子どもたちを送り出し、後片付けも済ませてほっとしているとき、「みんな事務室に集まってくださ〜い」と主任の声。

「これから、もうひとつの卒園式をします」

何のことだろう？

「桜井先生、ここに来てください」

「では、ただいまから卒園式を行います。卒園証書授与。『桜井ひろ子』」

涙がどっと溢れる。こらえていたはずの涙が溢れ出す。職員の目にも涙。目の前のすべてがかすんでいく。

卒園証書の言葉だけが、冴えざえと耳に届く。

卒園証書

桜井ひろ子殿

あなたは　なのはな園に六年間

勤めました　避難・勤訓練の失敗にも

めげず　理事会施設長会の激務にも
めげず　常に半袖 短パン 素足
で元気に園長を勤めました
これからも「人は人を人にする」
を胸に　人間探求の旅を続けて
ください

平成十九年三月三十日
なのはな園職員一同

証書の一言ひとことが、六年間の私のすべてを物語る。短い言葉たちのなかに、六年間がぎっちり詰め込まれている。かすんだ目を拭き証書の文字を追った。


「あれっ、ここ避勤になってるよ。確かに勤務を拒否したけど……」

「ええっ、何？　どれ？　あ～あ～」

「どれどれ……ギャハハハハ……」

涙の卒園式は一転して大爆笑、吉本興業大喜劇と化す。慌てて『勤』から『難』に修正テープで直す。泣いたり笑ったりの大賑わいの卒園式。

幼稚園も保育園も通園経験のないごんごんの、貴重な一枚の卒園証書。たった一人の卒園式。

思えば月一回の避難訓練はごんごんの指揮で進められる。様々な障害を持っている子どもたちの安全避難は職務最高の責任だ。その緊張がいつも必ず何かひとつの失敗を引き起こす。今日は何もなく無事に終わったと安心をしていて、訓練の非常ベル解除を忘れて、慌ててベルを押し間違えて再度子どもたちを混乱させたり、警備会社から連絡受けたり、いつでも失敗がつきものだった。

「また？」「今度は何？」「次はどんな失敗するの」「もう〜先生ったら〜」「面白すぎ！」

諦めとも、あったかい見守りともつかない、みんなの複雑な思いに支えられて、次から次と珍事を巻き起こす園長だった。

冬でも半袖・短パン・素足と、いでたちも奇妙な園長で、客人の出迎えをすると、

「園長にお会いしたいんですが、お願いします」

「はい、私が園長です」

「はあ〜？」

そのたびに職員に大爆笑を提供する困った園長だった。

こうして、ごんごんは公約どおりの実績を残して、感謝しても感謝してもしきれない宝物を抱えて、なのはな園を巣立ったのだ。

「人は人を人にする」

かつらさんとの初めての出会いは病院の一室だった。なのはなの園児が入院し、見舞いに行った折、職員と一緒にかつらさんの病室を訪れたときだった。ちょうど、リハビリのときだった。ごんごんはベッドのかつらさんを見て心が固まり、かなり緊張した。必死の作り笑顔で「かつらさん初めまして」と挨拶するのがやっとで、職員がかつらさんに話しかけるのを隅で凝視していた。のちにかつらさんの自著『きもちのこえ』（毎日新聞社）のなかで、書字での他者とのコミュニーション手段を獲得したときの思いを「これで石でなくなる。これで物でなくなる。これで本当に人間になれる」と綴っている。そのときのごんごんはかつらさんを「石」と見た一人ではないかと、ぞっとする思いになる。

かつらさんは、なのはな園を卒園している。ごんごんが勤務したときは既に中学生だった。自著のプロフィールによると「一九八九年仙台市生まれ。八九〇グラムの未熟児で生まれる。重度脳性まひ、未熟児網膜症による弱視など重度重複障害児として過ごす。九歳頃より障害のストレスから周期性嘔吐症を併発、障害の重度化により二十四時間医療管理が必要になる。〇二年、十三歳のとき気管切開により声を失うが、これをきっかけに筆談で言葉によるコミュニケーションを始める」とある。

かつらさんが筆談で意思伝達をするようになったとき、過去の思いをどんどん綴り出した。その中になのはな園時代の思い出もあった。

「お母さんはなのはな園はいいところだというけれど、私は怖いところだった。シーツブランコで全身をゆすられ非常に怖かった。終わって降ろしてもらったとき、命を全面的に他者に託すしかないので、それへの感謝で笑顔で訴えた。それを見た先生が『あら、かつらちゃんもっとしたいの？』と再びシーツブランコに抱き上げて揺らした。あんな怖いことはなかった。お願いです、脳性まひの子どもにはシーツブランコはしないでください」

私たちは唖然とした。笑顔は『イエス』『もっとしたい』という要求でなかったら、保育士はどうしたらいいのだろう。途方にくれた。ただ、そのあとに綴られた「でも、私はあきらめなかった。先生たちは一生懸命自分のことを考えてしてくれているのがよくわかっていたから」という言葉に救われた。しかし、だからといってそれでよいとは思えなかった。

職員であれやこれや考え合った。結論は、ひとつの読みではいけない。だとすれば十人いれば十人の感じ方を出し合って、一つひとつ確かめながら丁寧に読み取り、対応してみて、さらに丁寧に反応を確かめながら向き合おうと話し合った。

保護者勉強会の場にお母さんを招き、みんなで学び合う場を設けた。かつらさんからメッセージが届いた。「きょうはお母さんが何を話すのか心配ですがよろしくお願いします。これは私のこどもたちとみなさんへのメッセージです」と一枚の書が届けられた。

『人は人を人にする』

まさに、子どもたちに向き合う人すべてに向かって放たれた、指針となるような哲学的メッセージだ。

Ｂ４サイズの真っ白な紙に、お母さんのガイド（手を添えてもらって書く）で実にバランスよく文字が並んでいた。かつらさんはすべての人の代弁者とも思えた。

学習会を終えたのち、「みんなでよく観察していれば、きっと何かが通じるのではないかと話し合ってくれたのです。さすが保育のプロだと思います」という言葉が届けられ、苦笑いしつつ、一人ひとりの子どもと向き合う保育士の心のありようを再度真摯に見つめなおしさせられた。

『人は人を人にする』

この言葉は、今もなお人と向き合うときの大きな指針となっている。

心の言葉を音にのせて

心の言葉を
　文字にのせて
　　声にのせて
　　　音にのせて
　　　　涙にのせて

笑いにのせて
怒りにのせて
命の鼓動にのせて
人は共に生きていく

二〇〇七年三月、ごんごんはなのはな園を定年退職した。その十日後出発し、ネパールのサチコール村で暮らし二ヵ月後帰国した。帰国後、たまっていた郵便物の中にかつらさんからの郵便物が入っていた。封を切ると『いのちの言葉コンサート～はじまりわくわく～』の招待状だった。書き言葉の手段を得たかつらさんはどんどん自分の意思を表現し、その心の内を詩にも託していた。その詩がいろんな人々の手を通して曲になり、歌になった。その歌を集めて、高校の卒業記念にコンサートが開かれるニュースはごんごんも知っていた。ネパール訪問のこともあり、ごんごんの手の届かないことだと思っていた。でも、ごんごんにまで招待状が届いていた現実が夢のようだった。

いのちの言葉たち

コンサート当日、ごんごんは緊張していた。本人でもないのに珍しくドレスアップして出かけた。ちょうど楽屋入りするかつらさんが、家族に伴われて車から降りてくるところだった。なぜか足がすくんだ。声をかける余裕もなく、ドキドキしながらそっと陰から見守った。

やがて開幕の時間になり、車椅子のかつらさんがボランティアのさやかさんと一緒に舞台中央に登場した。二人のドレスはさわやか色のやさしいドレス。かつらさんは落ち着いていて、ごんごんの心臓のほうが早鐘を打っていた。さやかさんがかつらさんの右手にマジックペン（キャップつき）を渡し、左手で支えた。右手に小さなボードを持ちかつらさんの筆談に備えた。ごんごんは息を呑む。さやかさんがにっこりかつらさんに微笑みかける。胸元の二人の手が小さく動き出す。そのペンの動きからさやかさんが文字を読み取る。

知人から「普段は手のひらに直接指でなぞり、かつらさんが書き出すと、出だしの動きと筆圧で何の字かわかるそうだ」と聞いたことがある。信じられない思いでごんごんも自分の手のひらに書いてみたことがある。なるほど、どの文字もスタートの線の方向や力の入れ具合が微妙に違う。目で読む文字のほかに感じる文字の発見がとても新鮮だった。文字の一つひとつに個性があることを感じとるさやかさんの感性がすごい。受けとめてくれるさやかさんの心とのつながりに自信と勇気を得て、かつらさんはさらに伝えたい思いを募らせるのだろう。

舞台で二人の対談が続く。

かつらさんの自分の意思で書く文字と同時に、意思に反して起きる不随運動の動きに機敏に、柔らかに合わせるさやかさんの全身の動き。そして文字がさやかさんの声にのり、言葉となってみんなの元に届く。

「わ・た・し・と・さ・や・か・さ・ん・が・つ・くっ・た・し・ん・じゅ・の・う・た・を・き・

い・て・く・だ・さ・い」

詩がさやかさんの声にのる、いのちの言葉たち。心にしみる優しいメロディーに託される生命力がしみてくる。ごんごんのドキドキは歌を聴きながら少しずつ落ち着いてきた。曲は養護学校の先生やお母さんの歌の仲間の方々、沢山の支援者の方々がつながってできたそうだ。

聞いてほしいのは……私の気持ちの声

一曲終ると、二人の心のキャッチボールが再びさやかさんの声にのせて届けられる。

「こんなふうに話している私をどう思いますか?」

かなり、かつらさんも緊張しているようで、左右の手が強く宙を舞う。さやかさんはその都度微笑みかけ、それでも両手がこわばると筆談の力を抜きかつらさんの右肩をとんとんたたき「ふーっ、リラックス!」とささやく。二人の息はぴったりで、かつらさんの体も「ふーっ」と脱力する。「声を失ってしまった私のために、こんなふうに曲をつけて音楽に参加できます」と、再び筆談。

「さやかさんと行った海の曲で、生まれるときになくなった双子の姉・あおいちゃんに捧げる曲『約束』です。おひろめしますね」。一文字一文字にかなりのエネルギーを必要とするのに、最後の「ね」のひとつの音に、かつらさんの自分以外の人に向き合う心のぬくもりがずっしりと込められているようで心が震える。歌に合わせて動くかつらさんの体が、まるで全身で歌っているかのように音にのってみんなの元に届く。左向きのかつらさんの顔が緊張したり笑ったり……。

筆談の途中で看護師がそばに来て、のどの吸引を始める。

「た・ん・ま」

会場から小さな笑いがこぼれる。吸引を終えて、

「す・み・ま・せ・ん・へへへ……」

笑いがちょっと大きくなって会場を包む。双方の緊張が一瞬のうちに和む。こんな緊張の場面に、本人の苦しさを感じさせず、ユーモアを含む心の文字が音にのる。この心のセンスに脱帽だ。

「筆談ができるようになっても、自分で書いていると認めてもらえず、悲しい涙をこぼしました。でも、字を書けることがわかって、こうやって曲をつけたり、聞いてくれる人がいて嬉しいです。聞いてほしいのは詩ではなくて私の気持ちの声なのです。では歌います」

かつらさんの気持ちの声に胸をえぐられる。

十数年前、テレビで五～六歳の少年が母の介助でパソコンで綴る映像を見ながら「これって、やらせでしょ」とずっと思っていた。かつらさんの筆談を知った時、ごんごんはその少年と母親に心で深く詫びた。詫びるしかできなかった。

「(いろいろな機能や能力が)測定不能でわからないということは、無限の可能性を示します」

ごんごんはかつらさんのお母さんのこの言葉を、生涯忘れまいと心に刻み、沢山の気づきに改めて感謝した。

「ひつじ」の歌

そして、詩ではなく気持ちの声を聞いてほしいというかつらさんのメッセージに、沢山の子どもたち、人びとの心の叫びを代弁するかのような重みを感じる思いだった。

こうして、かつらさんとさやかさんのワンステージは終わった。ごんごんは大きく深呼吸しながら二人の後ろ姿を見送った。控え室に戻ったかつらさんは、どれほどほっとしていることだろう。

第二・第三ステージが終わり、第四ステージが始まった。

何と疲れも見せずかつらさんが舞台の袖に控えて、さやかさんと書字の会話をしながら、ずっとコンサートを見守っている。「ひつじ」の歌が流れる。

ひつじはのんびり
くさをたべる
わたしはのんびり
そらをみる

ひつじのおやこが
のんきにあそぶ

わたしはのんきに
そらをみる

ひつじはひつじ
わたしはわたし
のんびりのんきに
そらをみる

ごんごんはこの歌が好きだ。どの子にもしっかり歌い継ぎたい、伝え続けたい。誰もが自分に自信を持ってほしいと願いながら、あなたはあなたのままで、それでいい。

ステージの合間に袖からかつらさんの気持ちの声が、さやかさんの音にのって語られる。

「自分の詩だけど、朗読の声を通して聴くと、美しくて優しいです。♡ハートマーク！」

「のりこが歌っているときが一番緊張します」

「ライブって感じ」

疲れを気遣う回りの声に、「大丈夫、大人だもん」とおどける。心の柔らかさもユーモアも、人を気遣う心も存分に持ち合わせるかつらさんの心が見事だ。

「のりこ」はかつらさんのお母さん。書字は体力をとても必要とするので「おかあさん」の五文字ではなく「のりこ」の三文字で綴るかつらさんの知恵。

最後に、お父さんとお母さんのこれまでの思い、感謝の言葉をいただいて、全員で「いのち～感謝のうた～」を合唱した。

いきること
かんしゃ　そのこと
いつもいっしょうけんめい
がんばること
のりこ　かんしゃ
いのち　みんなひとつ
ありがとう

舞台の中央に再び登場して花束を手に、「ありがとうございます。もう、幸せです私」と、声を詰まらせたかつらさん。ごんごんにはそう思えた。

『いのちのコンサート～はじまりわくわく～』は感動の幕を下ろした。

こうして、かつらさんは力強い青春の一歩を踏み出した。

コンサートから数日後、かつらさんからお礼のはがきが舞い込んだ。とびきり上等の笑顔のかつらさんの写真を添えて。

だが、ごんごんはかつらさんのコンサートが終わって三ヵ月も経つというのに、かつらさんにお礼の手紙が書けずに苦しんでいた。かつらさんの「いのちの言葉」にのせるごんごんの文字がつかめない。かつらさんのいのちの言葉をしっかりキャッチできるさやかさんが眩しすぎる。

そんなとき、報道写真家・高橋邦典氏の写真と、言の葉アーティスト渡辺祥子さんのコラボレーション『戦争が終わっても~ぼくの出会ったリベリアの子どもたち』の企画に参加して、ごんごんは言葉を失って自分の心を涙にのせることしかできなかった。

同時に必死で自分の感情を整理しようともがいた。高橋氏の文字が祥子さんの声にのったとき、一枚の写真と共にぐいぐいとごんごんの心の芯まで大波が押し寄せてきた。

文字はそれだけでも人の心をうつ。誰かの声にのったときもっと深く人の心をうつ。誰かとそれを語り合い、共有できたとき、共に一歩が踏み出せる。何かひとつ、いやいくつかを失っても、持っている力を誰かと重ね合わせることで、沢山の人に心をのせることができる。

かつらさんのことが熱くこみ上げ、二つのことが重なって、かつらさんの「ひつじはひつじ　わたしはわたし……」に励まされて、やっとかつらさんにコンサートのお礼の手紙を書けるような気がした。

「人は人を人にする」

障害、障碍、障がい、しょうがいとは……。

誰にとって障害なのか考えるたびに、自分自身のありようを見つめ返させられる。必死で発信しているメッセージを読み取る心が揺さぶられる。持っている力を信じて、信じて、あらゆる可能性を信じてあきらめないしなやかな心に気づかされる。命を見つめる感性がとぎすまされる。障害は向き合う自分のそば、一人ひとりにあるのかもしれない。社会のありようでどんな人にもその人らしい自立の道は開かれる。みんながさやかさんになれたらみんなが暮らしやすくなる。努力すればきっとごんごんにも少しずつできるようになると思う。

かつらさんの周囲には、支えや気づきを共にする人の大きな輪・和がある。その輪・和が大きければ大きいほど、誰もが生きる力のバネをつかめる。誰もが幸せを共有できる。

かつらさんは、以前、なのはな園のみんなに『人は人を人にする』という言葉をくださった。

これは保育、人間の原点であると思う。

渡辺祥子さんはその後、かつらさんのコンサートや企画で活動を共にしている。かつらさんは自身の詩集を出版するなど、沢山の人々に「いのち」「いきる」力のメッセージを発信し続けている。祥子さんはいまや、かつらさんの筆談を読むことができ、直接、手のひらを通してかつらさんと語り合い、哲学や四方山話、大好きなユーモア合戦を繰り広げているようだ。

ごんごんも直接対話をしたく挑戦したが、手に力が入りすぎ、「ひろ子さん、自分で言葉をえがいて書こうとしていませんか?」と、お母さんを通して言われた。相変わらず、いつまでたってもどこか不器用な、力の入り過ぎる自分を感じて苦笑した。

＊「心の言葉を音にのせて」の項は、『季刊保育問題研究228号』（全国保育問題研究協議会編・新読書社刊）に掲載したものに手を加えたものです。

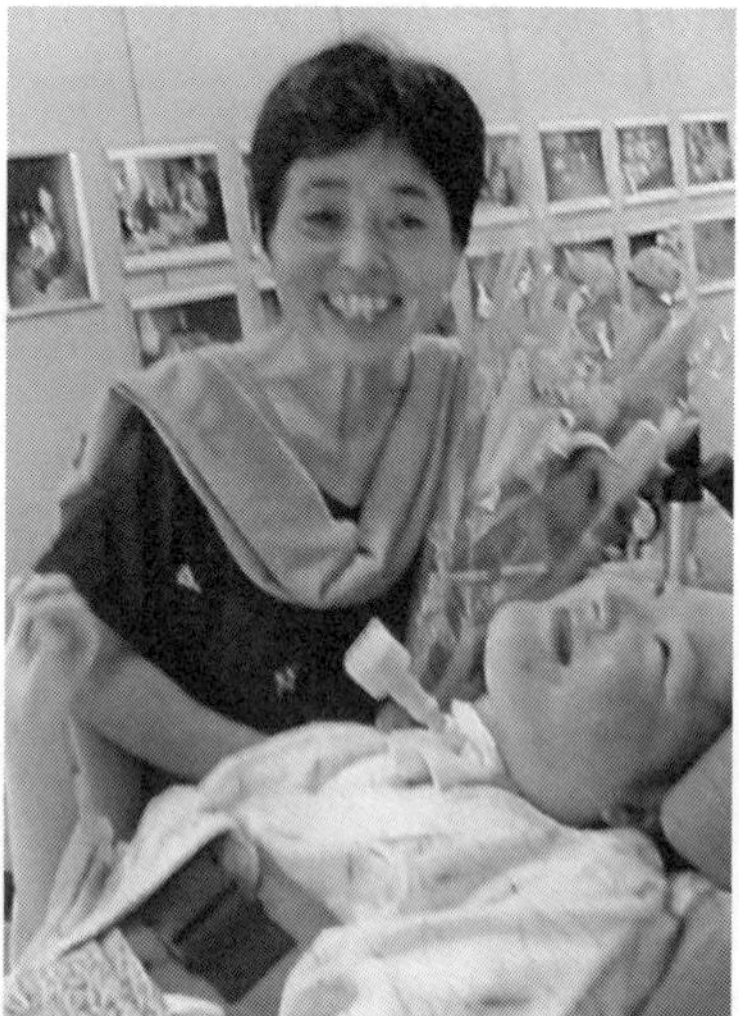

かつらさんと　ごんごんの写真展で

こんこんの
保育笑説
第3章

人となる道、ネパール暮らし

ネパールの山奥サチコール村、そこには、便利さ・豊かさを求めた今の日本の暮らしの余分なものをそぎ落とした、究極の人と人との暮らしがあった。大人子どもの区別なく、その日一日の命を紡ぐ仕事が山ほどあった。七〜八歳になると一人前の働き手として家族を支え、仕事も、遊びも、学校も、二四時間自己管理。生活すべて見て学び、体験を経て学び返し、自分をみがき、体験の蓄積を知識として積み重ね、他者に伝える。そんな暮らしぶりだった。保育士として求め続けてきた人と人とのありようがそこには石ころのように転がっていた。

そして、そこには村人を愛し、村人に愛されて共に生きるOKバジ（垣見一雅）がいる。OKバジは村が自立していくのは、子育てとよく似ていると言う。人が人として成長・発達する道なのかもしれない。

暮らしの中で、人となる

待望のネパールとの出会い

一九九八年、スリランカから帰って間もなく、日本シルバーボランティアズの横塚さんから電話があった。「ネパールに関係する人が千葉にいる。それしかわからないがとにかく行ってみよう」。最初の目的地ネパールへの足がかりだ。スリランカに同行した看護師のすみ子さんも最初の目的地はネパールであった。三人で千葉を訪れた。

当時「世界の子どもと手をつなぐ会」の代表者・坂田喜子さんのお宅だった。ネパールのサチコール村にヘルスポスト（簡易診療所）を建てたがスタッフがいないということだった。すみ子さんと二人大喜び。迷うことなく「行きます、行きます」。

「住む所はどういう所ですか？」

「食事はどうするんですか？」

「何もわからないのよ。行けばわかるわ。ＯＫバジがいるから。村で暮らす日本人です。垣見一雅さんとおっしゃる五十九歳の方です」

「行けばわかるんですね。じゃあ〜行くしかありませんね」

「では、派遣を決めます」。横塚さんも何の迷いもない。

今思うと三者が三者、すごい行動力、決断力というか、無謀というか、楽天的というか。


こうして、ネパール・サチコール村のヘルスポストでのボランティアを掲げて、ネパール行きが決定した。カトマンドゥの空港に協力者のロスさんの出迎えを受け、ロスさんの案内で車でＯＫバジの待つタンセンという中央部の旧都めざして出発。一九九八年九月のことだった。

九月はまだ雨期のなごりで雨に遭うことがある。タンセンまでの道のりも、途中の崖っぷちの車道で大雨に出遭った。二人は右の崖から滝のように流れ落ちてくる雨と、左の谷底に車ごと流され落ちる恐怖にふるえながらネパールの洗礼に耐えていた。

やっとの思いでタンセンに到着。車から降りてほっとしていると、坂の上から走りよる男性の姿が見えた。

「あ〜いらっしゃい。ようこそネパールへ」とかん高い明るい声で迎えられた。まん丸の目玉が落っこちそう。ＯＫバジとの出会いだ。

「いかがでしたか道中は？」

二人は恐怖から開放された安堵感で、道中の一部始終を口から泡を吹き飛ばして語った。

「ふ〜〜ん、……ふ〜〜ん……ああ〜そうですか……ふ〜〜ん」

ＯＫバジは言葉を挟まず二人の言葉を聞くだけだった。すべてを包み込んでもらえる安堵感を感じた。

こぼれそうなまん丸の目と「ふ〜ん、ふ〜ん」の印象が強烈に残った。

こうして、ネパールでの暮らしの幕が開いた。


それから十日余り、ＯＫバジの家のあるドリマラ村で暮らした。

そしていよいよサチコール村へ。歩いてしか手段のない、電気も水道もガスも、便利なものが何一つない世界での生活へ出発だ。石坂の急登にあえぎながら、やっとのことで村にたどり着く。

「まるで縄文時代のようだ」

ここで暮らすことが不安になる。でも、村の四方から集まってくる人の波、大人の数より子どもの姿の多さ。それで安心した。子どもがこんなにいるから大丈夫。きっと力になってくれる。助けてくれる。沢山の人に囲まれて歓迎式典を終え、生活の場であるヘルスポスト（簡易診療所）の階下の一室を提供された。

「では、僕はこれで失礼します」とＯＫバジの声。

「えっ、何をおっしゃるんですか？　私たちは何にもわかりません。今日は泊まってください」と懇願した。翌日、バジは「では失礼します」と帰って行った。ライオンはわが子を崖から突き落とすと聞いたことがあるが、まさに谷底に突き落とされた心境だった。

翌日、ネパール人のスタッフが来て、英語やら日本語やらごちゃ混ぜ、ボディランゲージでの会話が始まった。ネパール語の会話集片手に村に溶け込むしかない日々の始まり。食事は二人のための村人が専属で作ってくれるようバジが手配済み。米はドリマラから買ってきて、他はすべて村人からもらうだけ。店も何もない村だった。でも、食べることが何とかなれば、後は得意のケセラセラでやるしかない。

食事は一日二回。慣れなくていつも空腹を抱えていた。村を歩きながら、食べられるものを見つけると「ちょうだい、ちょうだい」と実力行使で口に放り込んだ。といってもいり豆やいりとうもろこしなど。食材は旬のもの。一日三品目の食事の単調さにいささか閉口しながら、種類豊富なスパイスの美味さに救われて、一日二回の食事が待ち遠しい日々だった。

ヘルスポストの仕事は、できたばかりで村人との信頼関係も薄く、乾期で比較的病気が少ないこと、診察と薬に料金がかかることが拍車をかけて開店休業状態。遠巻きに斜めの視線で見つめるだけだった子どもたちが、歌と踊りでつながり出すと珍しがって遊びに来るようになり、青空保育園が繁盛し出した。それが楽しかった。

三ヵ月後、看護師のすみ子さんの任期が終わって帰国となり、いよいよ一人の生活が始まった。へルスポストにいても役に立たない保育士ごんごんは鞄を持って村に出た。

やっぱり子どもたちが先生

山の斜面に五十八軒（約五百人）の家と牛、水牛、豚、山羊、にわとりなどの家畜小屋がへばりついているような村だ。石だらけの山の村に井戸を掘るなど不可能。水は村の上部にコンクリートでタンクを作り、湧き水をパイプで運び一昼夜貯め込み、朝、村の五ヵ所の水場に供給する。一メートル幅の段々畑を耕してとうもろこしや大豆をつくる。山から薪を拾ってくる。それが村の生活だった。一日の人間と動物の食をまかなうための仕事が山ほどある。

七〜八歳になると一本の鎌を与えられて一人前の仕事人になる。鎌は料理、薪拾い、畑仕事、動物捌《さば》き、爪切り、髭剃り、鉛筆削り、赤ちゃん誕生のへその緒の切断にさえ使われる。家族にはそれぞれ決められた仕事がある。それをしなくては家族全員が一日をクリアできなくなる。学校はその合間に行ける条件を自分で作る。仕事も大人が指導する訳ではない。日常の生活の中で、大人からの指導的言葉はあまり耳にしない。それでも子どもたちはしっかりと仕事の手順を身につけている。自然と向き合って生きる様々な掟を実によく知り尽くしている。不思議な環境だった。

広い青い空、雲の上に浮かぶヒマラヤ連峰、どこまでも続く山の峰々、どこを見渡しても果てなく点在する村々、天空に突き刺すように続く一〜二メートル幅の段々畑、その生活空間を、毎日毎日、動物と人間が上下移動を繰り返しながら生きている。

仕事の合間を見つけて子どもたちがヘルスポストの狭い庭に遊びに来る。歩けない小さな赤ちゃんは誰かの背中におんぶされてやってくる。ヨチヨチ歩きの子どもたちは誰かに手を引かれてやってくる。一目散に駆けてくる子も、途中で転んでいる子どもがいると、起こして手を引いてやってくる。誰と誰がきょうだいかごんごんには区別がつかない。誰と誰がきょうだいか子どもたちは区別しない。村全体が家族のようだった。ここに集まる子どもたちは、異年齢の保育園児と学童のようだった。ネパール語が話せなくても日本語オンリーで、ここでもごんごんは保育士を演じる。臆せず堂々と。

♪大きなくりのきのしたで〜、あな〜たとわたし、たのしくあそびましょう……♪

何の歌でも三回歌うと覚える子どもたち。小さな子が身振りが上手にできないと、そばにいる子が手をとって教えている。発音が変だとゲラゲラ笑いながらも教えてくれる。ごんごんは一人で楽しく歌うだけ。保育士だらけの青空保育園。子どもたちがネパール語の歌を歌ってくれる。どんなに小さな子どもでも、こぶしをきかせておばさん声でみごとに歌う。子どものための歌ではなく、すべて生活の歌。そしてラブソング。「ラウマヤラウニレ」もそのひとつ。一番最初にごんごんが覚えたラブソングだ。沢山の保育士に囲まれて、ごんごんへの歌唱指導は愉快だった。小学低学年のとき、ほとんど一年中、中耳炎を患っていて聴力も低下しているごんごんは、耳から入る新しい言葉は日本語以外大の苦手で、外国語は拒絶反応を示していたが、子どもたちの前では平気で反復して歌った。

でも、その一つひとつの発音がかなり違うらしく、歌うたびに大きな笑いの渦がヒマラヤの空にこだました。おなかを抱えて笑い転げながら面白がって歌わせた。間違っても間違っても投げ出さず面白がって教える子どもたち。一緒に笑いながら歌い返し、正しい発音をキャッチしていった。いや、子どもたちはときどきあきらめて「まっ、いいか」と思ったかもしれないが。通して歌えるようになると子どもたちの中に拍手と大歓声が起こる。嬉しくて空に向かっていい気持ちでさらに大声で歌った。

正しいか、間違っているかの評価ではない。楽しく歌えるようになることを、肩の力を抜く笑いで包み込んで、あきらめたり、投げ出したりせずに、楽しい関わりの中で伝えきる子どもたちの力に感心する。保育士としての日本での自分の姿を省みながら、ここでもやっぱり子どもたちがごんごんの先生だった。

子どものような大人

村の中に積極的に出て、移動青空保育園のはじまりはじまり～。ネパールに来るにあたり、余計なものは一切持ち込まない、文化や価値観の押し付けは一切しない、そこに浸りきることを自分に言い聞かせてきた。だが、こんなときのために紙芝居を持ってきていた。自然の中の暮らしで理解できるもの、価値観や文化の押し付けにならないものを選別してきたつもりだった。『あひるのぴっぴとひよこのぴぃぴぃ』と『おんなじおんなじ』(いずれも童心社)。

村には子どもの本は教科書だけ。それも代々使ってボロボロ。わら半紙のようなものに印刷された白黒。カラーの印刷物など目に触れることがない。そこで広げたカラーの紙芝居。あらかじめバジに教えてもらいカタカナでネパール語を書き込んである。

実力行使で、日本語で子どもたちを座らせる。そして紙芝居を取り出し、片言ネパール語で語り出したとたん、ごんごんと子どもたちの間に、近くで仕事をしていた大人たちがなだれ込む。「見えないよ子どもが、どいて」そんな日本語が通じる訳もない。子どもは子どもで緊張したまま身動きしない。大人の真剣な目に負けて、まずは大人に読んでやることにする。喜んだ。歓声をあげつつ、隣と大声でしゃべりつつ、紙芝居は終わった。そして全員がごんごんの後ろに回ってきて、またまた大声でしゃべり出す。裏面右角に前の画面の絵が書いてあるのに気づいた一人が歓声をあげて前に回る。全員が回って歓声をあげる。まるで日本の保育園の一歳児の大群が押し寄せて来たみたいな騒ぎだ。子どもっぽい大人たち。人間って面白い。

さあ〜子どもたちの番だ。外野席の大人の大声もどこへやら、子どもたちの前のめりになって食い入る熱い視線に読み手のごんごんはとりこになった。その日からごんごんは紙芝居おばさんに徹した。毎日毎日、村に出て、おじいちゃんに呼ばれてもおばあちゃんに呼ばれても、子どもに呼ばれても紙芝居を演じ続けた。だが『おんなじおんなじ』は受け入れられずしまい込んでしまった。

擬人化された絵は、大人も子どもも「これは犬の形をした人間だよね」「どうしてこんな人間がいるの?」「犬が洋服着て人間のまねっこしてるんだよ」「でも犬は二本足で立てないし、しゃべれないよ」そんな問答ばかりで内容に入っていけなかった。無理に読んで、「おんなじものは何だった?」と質問してもチンプンカンプン。あきらめてしまい込んだ。『あひるのぴっぴ……』だけを毎日毎日、何十回と読み続けた。すっかり村の人気者になり、ごんごんは村に馴染んでいった。

転がっている保育の原点

鎌はどこにでも転がっている。よちよち歩きの子どもでさえ平気で振り回す。「危ない、危ない」と見ていられなくて鎌を取り返そうとすると、みんなが怪訝そうに見る。置き場を変えたり、注意したりするのはごんごんだけ。自分で体験して、危険と安全を覚えていくチャンスを誰も摘んだりしない。危ないと思ったものが自分の身を処すればいい。子どもは危険を肌で感じながら学んでいく。

ヘルスポストの小さな庭の周囲はかなり段差のある、崖にも思える段々畑に囲まれている。そこを赤ちゃんをおんぶした子が平気で全速力で走り、崖っぷちでぴたりと止まる。崖っぷちに立つ高い木の上にスルスル上り、木の枝を揺らして空中ブランコまがい。急な石坂を全力で走り抜ける。はいはいの子が崖の下を覗き込む。怖くて怖くて、何を見ても奇声ばっかり発していたごんごんは、じっと耐えて黙って見つめることにした。

子どもたちの心と体はしなやかで、目での認識から大脳へ、そこから体への指令、指令を受けた体の瞬時の対応。それらがまるで一瞬のうちにつながる。日本の子どもと何が違うの? 同じ人間の持つ力？　発達する環境の力？　何が？……何で？……。

　そんなある日、目の前で、二歳の女の子シュリジャナが、崖っぷちの花を取ろうとして落ちた！　そばにいたごんごんが気づいて足をつかもうとしたが、触れることもなく「ぎゃあ〜〜〜」というごんごんの叫び声と共に目の前を転がり出した。いくつもの突き出した岩をバウンドしながら落下した。「どうしたあ〜」谷の向かい側から異常を察知した大人の叫び声。迂回路を回って落ちた子のそばに駆け出すごんごん。生きた心地がしなかった。血みどろの子どもの姿を見る思いで必死に駆け下りた。

　たどり着いたそのとき、すでに七歳の男の子モーエスが泣いているシュリジャナを抱きかかえなだめていた。「怪我は？」「ないよ、だいじょうぶ」「そんなことはない。私がちゃんと見るから」とごんごん。ほんのちょっぴり鼻の付け根が赤いだけ。でもでも……全身をくまなくチェック。モーエスに抱かれてシュリジャナは落ち着いて「いたくないよ」と。何事もないことが信じられなかったが、紛れもなく事実だった。いつの間にか、シュリジャナの祖母が覗き込んでいた。誰が伝えたのか不思議なほど伝達が速かった。

　別の崖で走ってきて止まれずに落ちてしまった子がいたが、そのときも駆けつけると、猫のように回転して着地し、何事もなく笑っていた。

　日本もネパールも人間の発達の道筋に違いがある訳がない。何が違うのか。自然環境の違い？　厳しい自然環境にある？　ならば、そこで命を守るためには多くの教育的配慮が必要となるのがあたりまえ。なのに、ここでは大人の禁止の言葉や指導的言葉をほとんど耳にしない。ネパール語の理解の浅いごんごんがキャッチできないことがあるかもしれないが、長年、直接的言葉での理解がなくても意思は交流し合える、乳児保育で培った対話力があると自負するごんごんはある程度、言葉を超えて理解できると自信を持っている。

何かが違うとしたら、見て学ぶ環境と経験。自らの体験で失敗を繰り返しながら積み重ねて知識化していく。体験できない事柄も、誰かの体験を耳にしながら、疑似体験し、自分の体験の知識化したものに重ねていく。そして追体験で確かなものにしていく。ここはそんな発達環境にあふれていると感じる。ネパールの子どもたちの発達を保障している環境。日本の子どもたちの発達を阻んでいる環境。ここの違いは何か？　大きな課題が見えてきた。同時に、保育士として安全、安心の庇護の下に、どれほど子どもたちの発達の力を阻んできたのだろうと、空恐ろしくなった。

心を読む

子どもたちは、共通の言葉を持たないごんごんを理解する名人だ。歌とネパールの踊りでつながり出すと簡単な言葉を選んで話しかけてくれる。つなぎの言葉はわからなくても、その中から単語の発見ができた。覚えた単語は嬉しくてどんどん応用して使った。不確かな単語は、ためしに使ってみてその反応で確かめた。それでも意思が通じなく、日本語をまくし立ててもがくと、ごんごんの周囲を見渡して察知し、言葉を投げかける。あきらめず投げかける。まるで心を読む。人の心を読む名人だった。ごんごんの村での暮らしは子どもたちのこの力に支えられている。

「ラムロッチャ（きれい）」という言葉がわかると、ゴミに汚れた村の道を指差して「ラムロッチャイナ（きれいじゃない）」というと「フンチャ、ラムロッチャイナ（そうだね、きれいでないね）」と肯定しながら「タラ、ポホール　バンネ　クラ　チャ（だけど、きたないという言葉があるんだよ）」とネパール語で新しいネパール語を教えてくれる。こうして、ごんごんは生活に必要な言葉を獲得していった。後に、子どもたちが教えてくれた言葉は俗に言う〝ためぐち〟であり、ごんごんが大人と対面して真面目に使うと注意され、言い直しをされる。しかし、一度覚えた言葉はなかなかごんごんの脳みそでチェンジできず、十年を過ぎた今でも苦労しているのだ。そしてついつい、子どもたちとだけの世界に逃げ込んでしまうのだった。

家畜を捌く体験

祭りや結婚式など、特別なことがあると村の家畜が捌《さば》かれる。変化のない村の生活で、この日は村中の子どもの一大イベント。ヨチヨチ歩きの子どもから、おんぶされた赤ちゃんからみんなが集まる。大人が鎌を持って家畜を捌く一部始終を固唾を呑んで見守る。それは土着のヒンズー教の教えにのっとって進められる。

「この生き物の命をもらって私たち人間が生かされることに感謝します。命をもらう以上、苦しめず、いただいた命は無駄にすることなくいただきます」。神への感謝の祈りのうえに進められる。

家畜を必要以上に苦しめないよう、一刀の元に捌く技術が要される。固定される家畜が暴れようが、血しぶきが上がろうが、誰も子どもを邪魔にすることもなく、説明することもない。子どもは子どもで、大人の立ち振る舞いを、自分の場所から自分なりの見方でその技術を会得する。そして、いつの日か自分で再現する場を与えられる。何の補助も指導の言葉もなく家畜を捌く役を任せられる。

あるとき、十歳のデップにも初めての役が、父親から言い渡された。小さな山羊だった。

「いっしょにやって」

頭をちょん切る場面を想像して二の足を踏んだ。デップは仕方なく一人で取りかかった。しばらくして「終わったから来て」と呼ばれて行ってみた。山羊は頭を切り落とされ、血を抜かれて横たわっていた。「どうやって切ったの?」と問うと、お祈りから始まって、足を固定させ思いきって鎌を首に振りかざした。しかし一発で殺すことができず、山羊がもがき苦しんで自分も震えた。山羊に詫びながらもう一回振りかざした。成功してほっとした。その説明を聞きながら、たった一人で家畜の命を断ったデップの心に寄り添わなかった自分を悔いた。

そこからの作業は手伝った。というよりデップの行動を通して様々なことを学ぶチャンスをもらった。捌き方は見事だった。初めての作業なのにそばで見ていて感心する手順だった。解剖よろしく内臓のことも熟知。腸の排泄物と膀胱を捨てるほかは全部料理する。捌いた肉と内臓を薪を焚いて料理する。スパイスは自家製で、様々なものを石の台と石ですりつぶす。すべての作業をたった一人でや

知足の風につつまれて

幸せを呼ぶ村、幸呼（サチコール）

ドッコ（竹かご）作り

村の坂を登る水汲み行列

汲み置きの水で洗髪

村のお祭りのご馳走、豚の解体

年寄りたちはみんな、魅力的な風貌

村には沢山の子どもたち　集まればいつも笑顔

これが私の子山羊よ

ヒマラヤよりも高く

丈夫な草を編んでブランコ遊び

上右
・斜面の畑でショウガ掘り
上左
・家畜のえさ、草の山を背負って
中右
・私は踊り子
中左
・石臼で粉ひき
下
・みんな幸せ

上
・7～8歳になると自分の鎌を持つ
中右
・遊び道具は自分で作る　コマ作り
中左
・幼児もあたりまえに鎌を使う
下
・山羊追い　一日がかりで山奥まで

子守り

ナマステ～
ひろ子～！

なかよし姉妹

り終えて、山羊の肉を家族の最長老の祖母に差し出した。

村では老人はどんな人も尊敬される。見て学び、生きる知識を頭の中に整理し蓄える。経験できないことは他者の経験を通して伝え合って蓄える。そんな生活の村の中にあって、頭に蓄えられた知識が命を左右する。人生経験の長い、長老の頭に蓄えられた知識は絶対だ。大きな命の支えだ。誰もが自然に長老を尊敬する。ときどき、まだ若いのになぜ「バジ（おじいちゃん）」と呼ばれるのか不思議なときがあるが、そういう人は決まって知恵者だ。尊敬の念をこめた「バジ」なのだ。

祖母の次は、客人のごんごんに配られた。あとは年齢順。デップの采配でみんなに配られた。動物性たんぱく質が久しぶりに体内に入り、そのうまみにみんなの体が酔いしれている気がした。「うま〜〜い」。誰の口からもあふれ出る一言。デップの一連の見事な心と手順があっぱれだった。大人から何の指導の言葉も援助もなく、自分の目で見て考えて実行する、デップの生きる力がまぶしかった。小さな十歳のデップが、村の大人たちと並んで見えた。

子どもっぽい大人と、大人っぽい子どもたちの関係のありよう、見事な教育学習現場を目の当たりにするこの現実に、限りない感謝の念を抱いた。

お仕置き

ある日、子どもたちが息を切って走ってきて、口から泡を吹き飛ばしてしゃべり出した。

「あのね、今ね、○○と△△が火たいたの。その火が屋根に燃え移って火事になるとこだったの。お父さんが怒って、燃えている薪を二人の顔の近くにやって、『どうだ、火はこんなに熱いんだ。使い方を間違ったら人も焼けて死んでしまうんだ』って怒鳴ったの。二人はぎゃんぎゃん泣いていたんだよ。ひろ子も火の使い方間違うとそうなるから気をつけて」

一気にまくしたてた。聞いていて私も恐ろしくなった。燃えたぎる薪を顔に押し付けられる二人の姿を想像しただけで身震いする。お仕置きの強烈さと、人から人に即座に伝えられる教訓、命を守る厳しさを感じる出来事だった。

水のない環境、かやぶき屋根の密集地帯の命を守る術だった。

命を守る伝達は見事だ。山道を歩きながら子どもたちは言う。「ここは大雨で上から大きな石が落ちてくるから、雨が降っているときは通ってはだめだよ。○○さんが死んだとこだよ」「この崖から落ちて△△さんが死んだんだよ」「□□さんが一人でここに座って死んでたんだよ」。命を落とした人の残した教訓は、こうして人から人に語り継がれ、命の紡ぎ方を子どもたちは会得していくのだ。

そのほか、失敗は大声で怒鳴られる。叱られはするがくどくどと、いつまでも言われることはなく引きずらない。ときどき、思い出しては笑いの対象になるのが関の山。そして、後に続く指導の言葉もない。自分で考えて、失敗の原因そして次なる仮説を立てて追体験。確かな理論を自分の力で獲得する。

潔い死生観

村で暮らす間、何人かの死に直面した。ヒンドゥー教は遺体を焼いてすべてを川に流し、墓を持たない。子どもは土葬されることが多い。一切のことは男の人の手で処される。

原因不明でやせ細っていった女の子に、外に出られないから室内で絵を描いて遊ぶよう、日本から持っていったクレヨンと紙をあげた。小さめの赤いTシャツも添えて。女の子はTシャツを着ることなく、クレヨンで絵を描くことなく、その二日後亡くなった。その日も子どもたちが息を切らして走ってきて知らせてくれた。家の出入りが激しくなった一時間ぐらいあとに、女の子は布に包まれて山道を下って行った。小さな子どもは谷筋に土葬された。

きょうだいに「クレヨンとTシャツはそのまま使ってね」と言うと、非常に驚いて「どうしてそんな悲しいこと言うの？　それは全部一緒に土に埋めるんだよ。残っていたら、お母さんそれ見て毎日泣くでしょう。きょうういっぱい泣いたら、あしたからはいつもとおんなじに暮らすんだよ」

どの人が亡くなっても、みんなが号泣して、その翌日から、いつもの生活に戻る。

今ある命を紡ぐことが優先される。極度に物のない暮らしの中ですら、物への執着のなさに驚いた。

笑いで交わす失敗

ごんごんが村に馴染んでくると同時に、子どもたちが「村で暮らすための仕事」をごんごんに伝えだした。水汲み、草刈、薪拾い、畑仕事、山羊追い、牛追い、すべての仕事にごんごんを同行させた。ここでは何もできなくてもあたりまえに、ありのままに自分を受け入れてもらえる。しかも、誰一人として「教える」という言葉はなく「一緒に行くぞ」という誘いの言葉だけだ。

水汲み

これはドッコという竹かごに水がめを入れて、ナムロという紐で固定して頭に紐をかけて運ぶ。これはできなくて、町からポリタンクを買ってきて、リュックで背負って毎日運ぶことにした。

草刈

子どもたちは自然の命の仕組みを誰もが知っていて、「○○は今は切ってはだめ」「△△に行くぞ」と熟知している。草や山の木の枝と葉を取ってくるのだ。仕事はどんなときも複数行動が鉄則だ。野山は危険地帯、谷や崖、ちょっと間違えば命を落とす危険がごろごろ。すべての生き物の命を守るために、生活はすべて複数行動が鉄則だった。

鎌を腰に下げ、ナムロを持って一人前の気分で出発。一時間歩くことはあたりまえ。いざ現地に着くと、子どもたちは四方八方山の中に散らばる。道のないジャングルにもたもたしていると「ひろ子は無理だ。登って来ないでそこで取って」と指令が飛ぶ。

山の中に入ると、子どもたち全員が歌を歌いだす。様々な歌声が山中に響き渡る。いつもは照れて人前では歌わない子までが歌いだす。まるでシネマの世界だ。誰かの声が途切れると「お～い○○どうしたあ～」「あ～こっちにいるぞ～」と互いの安全を歌声で確かめ合っている。

ごんごんは歌声を聞きながら道ばたでせっせと刈り取る。しばらくして降りてきた子どもが大声で笑う。「ワッハッハッハ……これは水牛は食べない。これも食べられない」と刈り取ったものを容赦なく捨てる。一時間強かかって子どもたちは自分の全身が隠れてしまうほどの草や枝葉を束ねていた。みんながごんごんの草を見て笑いながら、自分の草を少しずつ分けて背負わせてくれる。小さな草束を背に、帰りの途につく。重い草を背負った子どもたちは歌を歌いながら、おしゃべりをしながら、笑い合いながら一時間もの道のりを進む。

村に着くと村人が「お～ひろ子、今日は草刈か、どれ」と背中を覗く。「ワッハッハッハ……何だ水牛が今日は泣くぞ」と情けない草の束を笑う。これだって子どもたちがくれたものだ。こうなることがわかっているから、子どもたちが少しずつ背負わせてくれたんだと納得。そして感謝。

山羊追い

山羊追いはもっと悲惨だった。山道は山羊のあとを追って走った。それでもときどきつまずいて歩調が乱れると、前を行く子どもの手がぱっと私の体に伸びてくる。後ろにも目があるのかと思わせる命を守る技だ。あとで、沢山の山羊のひずめのリズムの中で、乱れたリズムを察知する力だと知って驚いた。「命は感性が守り育てる」と思える行動だった。

みんなに守られて目的地に到着。山羊は高みへ高みへと一目散。しかし、ごんごんはまったく山羊のあとを追えずおろおろ。間髪をいれずデップの声が飛んできた。

「ひろ子は帰れ〜！」

帰れって、連れてきたのはあんたがた。でも、山羊のあとを追えなかったら帰るしかない？

「○○と△△はひろ子について帰れ〜！　山羊は俺たちがみる〜」

ジャングルの中からデップの指令が飛ぶ。

引き返すしかない。でも自分の情けなさより、デップの命を守る瞬時の決断に驚かされた。十歳の子が大の大人の命を守る指令を。

すごすごと帰り、村に到着。村人には一目瞭然、山羊追いから帰されたことがわかるはずなのに、

「どうしたね」と笑いながら問う。

「山歩けなくてデップに帰れって言われた」としょげると、「ウワッハッハッハ……帰されたのか〜ウワッハッハ……」と高笑い。

ここまで笑われると、しょげていたごんごんも一緒に笑い出すしかない。笑いながら肩の力が抜けて、気持ちが楽になっていくのがわかる。「できなかった。帰された」それはたんなる事実に過ぎないように思えてくる。

もう山羊追いは連れてってもらえないと思っていた数日後、「さ〜行くぞ〜」と誘われた。見捨てられなかった喜びでついていった。今度は前回より楽な道。やり遂げられた。六時間もの山羊追いについていけた。賑やかに帰路に着く一団を村人はちゃんとキャッチして「お〜今日はひろ子、山羊追いできたか〜たいしたもんだ」と声をかけてくれる。後ろを歩く子どもたちの表情は冴えざえ。「ひろ子に山羊追いの力をつけたのは俺たち」。そういう声が聞こえそうな誇らしげな表情だった。「ヴィゴツキーの発達の最近接領域」なんて知るはずもない子どもたちの命を育む力は底なしだ。

何をやっても失敗ばかりのごんごんを笑いで吹き飛ばして、事実を事実としてごまかさず突きつける村人たち。どんなことがあっても一人前の村人に仕立ててあげると、しなやかなあたたかいゆっくりペースでごんごんの力に合わせてくれた子どもたち。彼らに見守られて、ごんごんは少しずつ、心地よさのなかで村の人に近づいていった。

乾期の水汲み

乾期の終わり二月頃になり、村の水タンクの湧き水がとうとう消えた。一滴も出ない蛇口をひねって、もしや故障とばかりに、残りの四ヵ所の水場をまわって愕然。

「水がない、水がない」

パニックに襲われるごんごんに、こともなげに子どもたちが言う。

「何言ってるの？　水は谷に行けばあるでしょう」

子どもたちの肯定的表現で救われた。おまけに「俺たちも行くんだよ」。一人じゃないことがもっと気持ちを楽にしてくれた。

こんな現実くらい言葉にしなくてもわかりそうなものなのに、人間なんて弱いものだ。

その日から、谷までの石坂急登、水汲み行列が始まった。谷まで三十分下り、谷の水源で順番を待つこと一時間弱、水を背負って登り返して四十分。二時間あまりの水汲み作業だ。でも、みんなはごんごんを気の毒がり、順番を待たずに汲ませてくれる。悪いなと思いつつ好意にとっぷり甘えてさっさと汲ませてもらって戻る。でも途中で追い抜かされる。

「水が俺たちに苦労をくれるなあ〜〜はっはっは」と笑いながら先を行く。この言葉は村人の謙虚な生き方を物語るように思われる。人間が主人公ではない。水が私たちに苦労をくれるのだ。苦労を感謝してもらっているのだ。

「ひろ子は水汲みしなくていいから。子どもたちに汲ませるから」。そう言ってくれるけど、水がくれる苦労を、ごんごんもみんなと感謝して分かち合いたいのよ。自分で汲むからと毎日続けた。


そうは言っても、やっぱりつらい。しんどい。いつも水を背負っての登り坂は息が切れる。声が出ない。休むとリズムが乱れるので、必死で休まず歩く。そんなごんごんを見た子どもたちが、

「何で日本人は疲れると声が出ないの？」

「何でネパール人は疲れても声が出るの？」

「俺たちは疲れれば疲れるほど、みんなと一緒にしゃべって、笑って元気出すんだよ。それに休んだほうが元気出て歩けるでしょう」

真の分かち合い

村は石だらけの極端に土のない環境で、農作物も限られた品種しか育たない。じゃがいもも無理。ところがサツマイモがあるという。ある日、子どもたちがサツマイモ掘りだというので覗くと、天然で岩の隙間をぬって育つ、小指程度のものだった。掘りあててすぐ生のまま食べている。ごんごんもかじると、まさにサツマイモの味だった。

あるとき、村人がそのサツマイモを茹でたからと持ってきてくれた。子どもたちの掘り起こしをす

でに見ていたごんごんには苦労が伝わるサツマイモだった。その後、お礼に残っていた日本のあめ五個を持っていった。家の前に十人ほど集まっているので、家人を家の中に呼んで渡した。家人はそれを手のひらに載せてごんごんのあとから歩いてくる。「足りないよ」と内心思ったが、どうすることもできないまま外へ。何と庭先でそのあめを石で粉々に割った。小さなあめのかけらは一人ひとりの村人たちの手のひらにのり、大きな口の中に放り込まれた。「日本のあめはおいしいね～」みんなの口から笑みと共に喜びの声が発せられた。何にも言えず引きつった笑いでごまかした。

水の価値が身にしみてわかるこの頃でさえ、夜寝る前に顔と手足を洗わないと落ち着かなかった。一日の水配分をして大事に使った。ときどきヘルスポストで遊び疲れた子どもたちに「水ちょうだい」と言われることがある。残り水が乏しいと無情にもあげないことがあった。

ある日、配分が悪く水がなくなった。それで隣の家にもらいに行った。「少しだけでいいよ」というのに水がめを逆さまにするので、あわてて「もういいから」と止めると「どうして？ 水がほしいんでしょ」「でも、あなたの家のものがなくなるからいいよ」と制すると「うちは必要なときに隣からもらうから心配しないで」と言われて唖然とした。必要なものを必要な人に。必要になればある人のところへ。そんな生き方が衝撃的だった。自分の計算した蓄えを崩せず、飲み水さえ分けてやれなかった自分が情けなかった。富めるものの悲しさか。

こうして村人たちは、毎日毎日の生活の何気ないことで真の豊かさとは何かを投げかけ続けてくれる。富めるちいさき者の心を責めることなく、笑顔で語りかけ、気づかせてくれる。

瞳の輝きの源

こんなに厳しい環境の中で、七～八歳から一人前の仕事人として働く子どもたちの瞳の輝きは一体どこから来るのか。日本の子どもたちとどこが違うのか。

村の子どもたちは二十四時間自分で管理する。自由だ。しかし、自分の仕事分担を終えないかぎり家族のその日一日の命を育む生活が滞る。否が応でもやらなければならない。責任の伴う自由だ。

とくに山羊追いが任される十歳～十五歳の子どもたちは、学校に行くことさえままならない。どうしても学校へ行きたいときは、家族と仕事分担の交替を交渉する。成立すれば行けるが成立しないと、今度は仲間と交渉。自分のうちの山羊を連れて行ってもらう。やっと学校に行ける。しかし、仲間に頼むということは、仲間の都合が悪いときは自分が請け負うことが前提となる。そんな理屈なしに、彼らはごくあたりまえに村中でやりくりし合うことは日常茶飯事だ。学校は当時小学校五年生まで村にあり、それ以上は隣村まで歩いて二時間以上かかる。五年を卒業して上の学校に行く子はほとんどいなかった（現在は七年生まで村にできた）。

誰もが家族や仲間に支えられた信頼関係で結ばれて安心して暮らしている。そして、一人ひとりが家族を支えている自負心に輝いている。ごんごんのようなよそ者や、仕事のできない人がいれば、できるように力をつけることが自分たちの喜びと誇りにすらなる。

でも、子どもたちは七〜八歳で生活の自立をしながら、どこで愛されている安心感を持つのだろう、と疑問がよぎった。答えは簡単に見つかった。一家には子どもが多い。最近こそ減ってきたが六〜七人きょうだいは普通だ。いつもどこかに赤ちゃんが生まれていた。生まれた赤ちゃんは首の据わらないうちから、人から人へ手渡され、抱かれあやされ、どこの誰の子どもかわからないほど村中から愛される。四〜五歳の子どもですら、一人前に赤ちゃんを抱きかかえて可愛がる。子どもたちはその赤ちゃんの身に自分を重ね、誰からもたっぷり愛されている実感をつかむに違いない。それが、子どもたちの瞳を輝かす源になるのだろう。この光景を見ながら、自分も愛されているような、人間すべてが愛されているような豊かな気持ちになれた。

自己肯定観や生きる力は教えられて身につくより、実体験の中から自ら学び取るものであることがここではあたりまえのことのように思える。失敗は格好の笑い話にすらなるのであるが、笑い話は必ずめぐってくる追体験の場で、仲間の力を借りながら自分で考えてやり直すのがあたりまえ。できるようになるまでに誰もが通る道。対等でたっぷりの人とのつながり合いのぬくもりの中で、人は人となる。そんな世界がここにある。

拝啓　横塚さま

最初の村との別れのときに、クリシュナに「ひろ子はもう一度村に来るのか?」と問われた。「来たいと思うけれど今はわからない。ボスに（再度の派遣を）頼んでみる」と応えると、ボスの名前を問われた。

その数日後、手紙を持って来て「これをボスに渡して」と言う。見るとネパール語の手紙だ。「読んで、私日本語でここに書くから」

「横塚さん、おげんきですか。ひろ子はサチコール村でげんきにしています。もうすぐ日本へ帰ります。ひろ子がここに来たときはみんなのようには歩けませんでした。でも、今は、とても速く歩けます。OKバジより速く歩けるようになりました。山羊追いもできます。ひろ子が帰ったら、別の人も来てください。歩けない人でもだいじょうぶです。ぼくたちが歩けるようにします。でも、ひろ子も来れるようにしてください」

クリシュナのネパール語を和訳しながら、こみあげる涙を必死にこらえた。手紙など書いたことのないクリシュナが、ノートの切れ端に必死で書いたことが文字から伝わってくる。こうして共に過ごしたことで、伝えたい相手がいて伝えたい思いがあふれ、それを行動に移したクリシュナの心が胸を打つ。共に暮らす異質なもののありよう、自分の存在の是非を疑ったこともあった。でも、余計な異文化の持込みや、押し付けにならないよう注意しながら、ここにいる心地よさに浸っていた。いいか悪いかは彼らが選択してくれるだろうとも思っていた。クリシュナの手紙を手にして、ここで過ごした月日のすべて、出来事のすべて、子どもたちと村人たちと共に交し合えた心のつながりのすべてが凝縮されているようで心が震えた。

手紙は今でも横塚さんのファイルの中で輝いているに違いない。

「ひろ子がいない」

もうひとつ帰国前のドラマがあった。三人の子どもたちが、蘭の花を山ほど摘んで、別れのフルマーラ（花の首飾り）と花束を作ってくれた。大喜びしながら、変な分別が横ぎって「ありがとう、でもこんなに沢山取ってきたら来年咲かないよ」と言うと、「だいじょうぶ、おれたち〝花のかあさん〟は取ってきてないから。たった一つ、ひろ子に見せたくて取ってきただけだから」と花の根っこを見せてくれた。

根っこのことを〝花のかあさん〟と表現する子どもたち。命あるものすべて、自分たちの命と同等、表現もすべて人間同様に言葉を使う子どもたち。そして、どの子も命の再生は熟知し、すべての命は育む対象となる。その心が痛いほど胸に響いてきた。涙を隠して、必死に笑って「これ日本じゃ高いんだよ」と言うと「ええ～っ売ってるの？」と驚く。「じゃあ～、日本でこれ売れたら俺たちに一ルピーちょうだい」。高いというのに一ルピーちょうだいという子どもたちの心が愛おしくて、号泣しそうな自分を振り払って、ヒマラヤの空を思いきり見上げて大声で笑った。子どもたちも大声で笑った。

帰国後数ヵ月経って、ヘルスポストの建設を支援した「世界の子どもと手をつなぐ会」の坂田さんのグループがサチコールを訪問することになった。ごんごんは三人の子どもたちとの約束をずっと胸に秘めていた。花はごんごんが全部買ったことにして、三人に一ルピーずつ手渡してほしいと坂田さんにお願いした。

一行がサチコールに着き歓迎式典が行われ、その席で「デップ、クリシュナ、ケッソール」の三人の名前を呼び、約束の一ルピーの説明をしたが、デップとクリシュナは前に出てきたものの、ケッソールが大勢の日本人の中にごんごんを探し「ひろ子がいない、ひろ子がいない」と泣きだし、とうとう一ルピーもらいに前に出て来れなかったということをあとで坂田さんから聞かされた。ビデオも見せられたが、そのビデオは涙で何にも見えなかった。

教育の源

「教育とは希望を語ること」。誰かがそう言った。村で暮らしながら、「教育は命の蜜」だと感じられる。夢中で働く大人たちの姿に自分の夢を重ねる子どもたち。学校建設に励む村人たちの姿を見て、希望を見出す子どもたち。ここには遠い先の夢はなくても、暮らしの夢がある。

ある日、一時間下った沢での魚捕りに誘われた。魚と米は村人の憧れの食材だ。十五〜六人の大人に子どもたちがぞろぞろついて来た。沢までの道は急勾配の山道。道中がまた賑やか。大人も子どもも「魚」と聞くだけで興奮してくる。沢に着いた。沢といっても乾期で水が少なく、大人の膝下くらいの浅瀬。さあ〜始まり始まり……。驚いたことに持ってきた麻袋に沢山の木の実が入っている。魚を麻痺させる木の実だそうだ。その袋を大人がバシャバシャと水中で振り回す。全身ずぶぬれ。周りからの大声援を受けて全力で振り回すさまは圧巻だ。魚は人間の気配を感じて岩の下にもぐり見えない。毒素で麻痺して浮いてくる体長五〜六センチの小魚を捕まえるのだ。ちょっと大きいと麻痺せず、さらに石の下にもぐる。それを追って数人が水中にもぐらんばかり。大人の隙間をぬって子どもたちも真似する。日本での魚とりのイメージとはまるで別物。想像すら困難であろう。見ていると見物人も加わってまるで水の中での狂喜の乱舞。誰もが無我夢中。あまりの夢中さに涙がこみ上げてくる。

一匹……二匹……浮いてきた魚を捕まえる。手のひらからあっという間にすり抜けてしまいそうな小魚たち。あっちだこっちだと見物人の指示も入っての大騒動。

これぞ最高の教育現場。こんなに夢中になれる大人の姿に子どもたちは憧れる。その一挙一動を真剣に見つめて学ぶ。そして子どもたちだけで魚捕りに出かけ、実際に体験する。仲間と共に取り組む中で、つまずいたり、失敗したり、新たな発見をしながら力をつけていく。

教育、希望、夢とは、毎日の生活の中のどこにでもあるものが土台となるのかもしれない。自ら見て学び、体験を通して実証し、自ら力を獲得する。子どもたちの将来を思うとき、まず私たち大人が日々の暮らしに夢中になれるものを見つけ出すこと、それが夢、希望、教育の源となるのではないか、そんな気がする村の暮らしだ。

とっくみ合いのけんか

子どもたちの生活、遊び空間は大自然の真っ只中にあり、自由に我が物顔に区切って使える。既製の遊具も遊び道具もない分、何でも自分で作り出さねばならない。手本はすべての人、人、人。自分の感性や力に合ったお手本を選んで自分で学ぶ世界だ。日本の小さな箱に押しこまれざるをえない現実と雲泥の差だ。けんか、争いってなぜ起きるのか？　空間とありふれる物との葛藤？　人間と人間の間に入り込む便利なものが何もない世界は「自然と人間がいればどんなところでも生きていける」とさえごんごんには思え、人と人とのぬくもりに酔いしれる。

めったにけんかは起きないがやりだすとすさまじい。とことんとっくみ合いをする。わめき合いはごんごんの言語力では理解の及ぶ範囲ではない。入る隙間はなくただ傍観するだけだった。ところがとことん殴り合いはやっても、相手が傷つくところまではやらない。見事な手加減がある。喧嘩両成敗をするものがいない限り、夢中でやっているけんかの中でも双方にいろんな意味での勝負の勘所をつかんで、両方が手を離すときがくる。多分二人の中では勝負がついているのだろう。けんかをくぐり抜けながら、手加減、超えてはいけない一線をつかんでいくのだろう。

これが親の前でのきょうだいげんかになるとそうはいかない。親の喧嘩両成敗、もしくは上の子へのお叱りと、どこにでもある光景が繰り広げられる。あ〜あ〜大人のありようが問われる。どれだけ子どもを信じて子どもに委ねられるか。ごんごんは子どものままでそばにいたいと絵空事。

子どもの持つ力

ある日「シンボール（お化け椿のような大きな花）のフルマーラ（花の首飾り）を作ってやるからおいで」と子どもたちに誘われた。ドッコ（竹かご）に沢山の石ころを入れて担いで行った。不思議に思いながらついて行くと、急斜面の谷沿いに沢山の花を付けた大きな木がそびえ立っていた。真っ赤な大きな花が見事だった。

枝は木の上部にしかなかった。とても登れそうにもない木だった。到着すると十五、六人の子どもたちが一斉に花をめがけて石を投げ出した。木は高く、なかなか命中しない。当たったとしても花は容易に落ちるようなものではなかった。「ひろ子もやってみて」と言われても、助走をつける空間もないし、高く投げる腕力もなかった。ただ子どもたちの一投一投を見ながら歓声をあげるだけだった。そのうちいくつかは花に命中した。落ちた花を取りに行く者、石を投げる者、それぞれの動きをとり始めた頃、ごんごんは気が気でなかった。「危ないよ、今、下に花取りにいってるよ。石投げたらぶつかるよ」「だいじょうぶ、花とって今登ってきてるから」「今、みんな上にいるから」「○○と△△の声があっちから聞こえるからだいじょうぶ」。なぜ瞬時に全員の所在地を感知できるのか不思議なほど、研ぎ澄まされた力を発揮していた。

そういえば、自閉症といわれる子どもたちの中に、沢山の集団の中に入ることの拒絶反応行動のひとつとして、離れたところから把握できやすい位置を探し、高い所や危険地帯によじ登るなどの姿が見られることがある。大人は危険を案じ、行動を阻止しようと必死になるが、そうすればそうするほど、子どもは危険に身を投じるかのように思えることがある。そのときの子どもの行動は、実によくバランスを保ち、自分の身を巧みに守っているかに見える。不思議な力を持っているように思える。このことは、環境は違っても、日本の子どももネパールの子どもも、置かれた環境を瞬時に察知し、心と体のバランスをとってしなやかに対応する能力を潜在的に持っているのではないかとさえ思えてくる。

便利なものが何もないこの村で、子どもたちは遊び道具も自分で作り出す。石ころのかどを鎌で削ってビー玉やお手玉代わりを作る。小枝を削ってパチンコやさいころを作る。みんな、自分の知恵と力を使って作り出す。

柵の上の鉄棒を渡り歩こうとしたり、道路の歩道と車道の境のコンクリートを歩こうとしたり、危険と冒険は紙一重のところにある。保育の中ではいつも、その危険と冒険のはざ間で、保育士は瞬時の判断を要求されている。ごんごんは子どもたちの安全を守ることと、子どもたちの持つ力をよりよく発揮・発達させていく環境保障とを、シーソーのように行ったり来たりしながら保つ努力をしていた。そんな不安は案外子どもたちが解決してくれる。「止める」とはっきり判断するときを別として「止めようか、見守ろうか」と悩んだときは覚悟しながら見守るようにした。結果は案外子どもに軍配が上がる。自分の小さかった頃と重なり合い、子どもの力にうなずける。子ども時代を忘れた大人になりたくないと、そんなとき思う。子どもは大人が思うより以上に発達する力を持っているとも思う。

ネパールと日本の自然環境・社会環境はかなり違う。どんなに人間の発達する道筋は同じでも、それぞれに合わせて違った配慮が必要とされるだろう。その人的、物的環境の配慮が発達の道筋に沿ったものとしてなされたとき、ネパールの子どもも、日本の子どもも、豊かな発達の道筋をつかむに違いない。少なくとも子どもの発達する力を阻害する環境に敏感でいたいし、作り変えていける力をつけたいと思う。どこかで事故が起きるとその遊具が一斉に園庭から消えていく日本の現実を憂いながら、子どもの発達は日本とネパールとで違いがある訳ではない、環境・大人の価値観が大きく問われているると思える。

しっかり根をはれ

日本から、保育園で捨てるというくずになったクレヨンをもらった。余計なものは持ち込まない精神でいたものの、何かの折にとしまい込んでいた。ごんごんが手紙を書く傍らで覗き込む。何をしても珍しがる子どもたち。「じゃ〜みんなも絵を描く?」「絵って?……」。紙とクレヨンを出すとみんなの目が一斉にクレヨンに釘付けになった。「これ、何?」「クレヨンだよ。こうやって絵を描くんだよ」と描いてみせると「描けない、描いたことない」と何でも飛びつく子どもたちが手を引っ込めた。そこで「じゃ〜私が描いたのにこうやって色塗って」と手本を示すと「鳥、描いて」「魚、描いて」「木、描いて」とその気になった。輪郭だけ描いた。するとあっという間に沢山のクレヨンを使って七色の夢のような木や魚や鳥が描きだされた。見事な作品は部屋の壁に、入り口のドアに貼り出し、ミニギャラリーが誕生した。

その日から通りかかった大人も子どもも、ギャラリーの作品に釘付けになり、批評家が続出。そして、自分も描いてみたいとクレヨンを手に取った。どの子もどの子もカラーバランスが見事だった。

学校には音楽、図工、体育の授業がない。生活を見ると取り立てて学ぶ対象にしなくても、生活の中に組み込まれている。生まれて初めての作品の展示は、自分の絵、友達の絵の区別なく、驚き、小さな発見、憧れがぎっしり詰まっている。交わし合う言葉の中からも豊かな感性が育まれていくような気がした。

広く深い青い空の空気を存分に吸って、草木の緑、鮮やかに咲き誇る季節の草花に囲まれて、粗末でも色鮮やかな衣服をまとい、自然を相手に、動物、植物、人間、命あるすべてのものと等しく命を育み合い、神々の座のヒマラヤに抱かれて、心を通い合わせて生き抜いている子どもたちの体と心の神髄に、がっちりとゆらぐことのない人間形成の根幹となる感性がぶっとく育っている。

道具や知識はそんな根っこがあれば、時は遅れても、必要なときに必要なものを取り入れ、より自分らしい力を発揮するのだと、子どもたちの姿を仰ぎながら、これまでの保育と重ね合わせた。

「しっかり根をはれ、ゆっくり芽を出せ」。誰の言葉かはわからないが、ずっと、この言葉を大事にして保育に関わってきたことが、この村での暮らしで一つひとつ立証されている気がする。

カースト制度

ネパールは多民族国家である。三十八以上あるという部族は部族ごとの職業があり、カースト制度がある。ある人はネパールのカーストは区別であり、差別ではないと言う。また、職業が決まっているということは、互いに職域が守られることであると言う。日本人にはよく理解できない一面かもしれない。マガール族のサチコール村で、顔立ちが明らかに違うと思われる一家族があった。「カミ」と呼ばれる鍛冶屋を職業とする部族だ。だが、暮らしの中での差別や区別はごんごんには感じられなかった。

ごんごんの宿泊施設はヘルスポストの一室である。そこに、絵本や紙芝居、折り紙、描画の道具、すべてごんごんがいる間は自由に使っていた。元の位置に戻すこと、クレヨンなどは本数も確認して片付けることだけが約束事だった。

ある日、カミの末っ子のボーミャもみんなと一緒に遊びに来た。みんなの群れに混じってどさどさっと入って来た。すると一人の子どもが大声で制した。

「入っちゃだめ、カミはだめ！」ボーミャは目を伏せて出ようとした。

「どうして駄目なの？」子どもたちの声に身震いしながら問い返した。

「あのね、カミは他の家の中には入れないんだよ。自分の家だけなんだよ」

初めて直面したカーストの現実だった。カミは一段低いとされているカーストである。農耕民族のマガール族にとっては、欠くことのできない農機具を作る鍛冶屋が何故？

「あ～そうなの？　ヒンズー教ではそうなんだね。でもね、私はネパール人でもヒンズー教徒でもないの。だから、みんなの家には入れなくても、ここの部屋だけはみんな一緒に入っていいんだよ」

ドキドキしながらはっきりそう言った。

「あ～そう～、ボーミャよかったな、ここはいいんだってよ」

ボーミャがほっとしたような表情でごんごんを見た。

「よかったね」

子どもたちの心の柔らかさにほっとして、ごんごんは胸をなでおろした。子どもたちと一緒にボーミャも何のわだかまりもなく、クレヨンを取り合って絵を描き始めた。

その後、気をつけて状況を見ると、村の中でもボーミャの家はより貧しそうだった。また、村中が共同作業などをして、お茶や夕食を共にするとき、ボーミャの家族だけは家の中に入れられず、軒下に一人座って食べていた。その食器は他のものと一緒に洗うことはなく、それだけ別に洗うのだった。その他の会話や行動には取り立てて差別も区別もないように感じられたものの、どこか切ないネパールの決め事だった。

それからというもの、何かあるとボーミャはごんごんを誘うことが多くなった。隣村でバザール（市場）が開かれるというと「一緒に行きたい」と誘い、自分で言えないと、母を通してごんごんを誘った。もしや、ごんごんの気づかないところでやっぱり区別があるのだろうかと思いつつ、とにかく喜んでお供をし、そして、ごんごんの周りには一緒に行きたい子がぞろぞろ……で、いつも行列をなしてあちこち繰り出した。少なくともごんごんと一緒のときは、みんなが人間という同部族である。こんな一事を通して、彼らの暮らしを見つめる意識に少しでも変化が起きることを願いつつ、異質なものの存在である自分を肯定するのだった。

今でもボーミャの母は「ボーミャはいつもひろ子のあとをついて歩いたね。バザールにもよく行ったし」と目を細める。ボーミャは今は一児の父で、インドに出稼ぎに行っている。

カーストのことではこんなこともあった。

ＯＫバジとの村歩きで「ダリット」と呼ばれる部族の村を訪れた。日本の支援で全戸にトイレを作った。東パルパ郡では画期的なことだった。それまでは、様々な問題を抱えつつ、木立の中の人目につかないところで済ませていた。その完成お祝い会の席上で、式典が終わった後、一人の老人が興奮して声高に語り出した。言葉がほとんどわからないごんごんにも、ただならぬ悲壮感だけは伝わってきた。会のあと、バジが通訳してくれた。

「今、ネパールではアウトカースト（低カースト）という言葉を使ってはいけないことになっている。しかし、その代わり『ダリット』と我々を呼んでいる。自分たち一人ひとりに名前があるのに、誰も名前を呼ばず『ダリット』という。アウトカーストと何ら変わりがない」。胸が痛かった。バジの言葉が続いた。バジの言葉はごんごんにもわかった。

「あなた方の国のカースト制度に関しては、私は何もわからないし言えません。でも、あなた方は勉強して、いい仕事をして頑張れば、必ず見ている人、わかってくれる人がいるはずです。現にバフン族（政治、教育を司る部族）があなた方の村にトイレをどうやって全戸で作れたのか、聞きに来たでしょう。それはすごいことですよね。アサラゲコチャ」

老人も、そこにいた人もみんながうなずいて、穏やかな表情になった。バジはできることとできないことをうやむやにせず、はっきりと誰もが納得する言葉で語った。

「バジ、すごい言葉ですね。胸が熱くなりました」

「そうですか、でも、バフン族がダリットに教えを請うということはすごい変化ですよね」

「バジ、あのう、アサラゲコチャってどういう意味ですか？」

「希望があるということです」

『アサラゲコチャ・希望がある』

そうなのだ、バジの歩く道、出会う人、語り合う人、考え合う人、そのあとに必ず希望が見えるのだ。希望が見えるとどんな所にも、どんな人と共にでも希望を実現する道が見えてくるのだ。人も村も変化していくのだ。バジと村人は希望の道を共に歩む人たちなのだ。

ごんごんも子どもたちと希望の道を歩きたい。

野外炊飯

村には子どもたちだけの行事がある。「パグン」という行事もその一つ。年齢が近かったり、遊び仲間だったり、きょうだい同士だったり、様々の編成でチームを組む。そして村や近隣、といっても一〜二時間歩いての近隣の村々をまわり、とうもろこしや米、お金をもらいまわる。もらった物をお金に換えて、鶏などを買い、自分たちで野外炊飯をする。低年齢同士の子どもたちはおぼつかない仕草で、それでも嬉々として自分たちの力で炊事をする自信にあふれている。小さいときから自力でやるチャンスが誰にでもある。

面白いのは、そんな時、一緒に行くと村人から沢山もらえると、子どもたちのごんごん争奪合戦があることである。ニンマリしながら見守るが、最後の決め手はごんごんの気分次第、愉快な争奪合戦である。

ごんごんは二度目の村での生活から自炊を始めた。ヘルスポストの庭の下の畑の一角に石を置き、即席天然かまどを作った。薪はあちこちからもらってくる。ときどき、子どもたちのあとを追ってわずかだが拾ってきたりする。鍋は薪のすすで真っ黒になるので、見よう見まねで灰汁を水で溶いて塗りつけて火にかける。そうすれば汚れ落としが簡単。何しろ水が極度に貴重。村人の知恵はすごい。

薪の効率よい燃やし方も見て学んだ。ところが、その前の着火が難儀。村人は小枝を上手に組んで着火するが、それができない。やたら紙を燃やして、それでもなかなかできない。子どもたちが見かねてやってくれる。ほんとによくコツを会得している。あっという間に着火。火の回りが鈍くなると、口で上手に吹いて風を送り、火を扇ぐ。これがごんごんにはまったくできない。顔を真っ赤にしながら、力を入れて吹けば吹くほど、必要な風にならない。子どもたちは本当に軽やかに口笛を吹くごときだ。

私が自分でやれるようにと、近辺の竹を切ってきて、あっという間に「火吹き竹」を作ってくれる。「あちあちっ！」と叫ぶと竹で火箸を作ってくれる。いや〜まいったまいった。

火は完了！　さあ〜料理だ。ネパールの料理はほとんどが油で炒める。油を注いで炒め出すと「あ〜油がぬるい」「あ〜油が少ない」「あ〜まだ煮えてない」「火が強すぎる〜」とギャラリーの子どもたちの叫びが鳴りやまない。ついには、ごんごんから奪って料理をし出す。面白くてしょうがない。何をやっても、どうされても笑いが止まらない。こうして、毎日毎日賑やかな野外キッチンが繰り広げられる。

「今日は野菜何にもないね、待ってて今持ってくる」

「ばあちゃんに言っておいたから、後で取りに行って」

子どもたちのごんごんへの気遣いは見事だ。村全体がひとつの家族同然の暮らしをしている子どもたちにとって、我が家と他人の家の区別はなさそうだ。みんなみんなの家なのだ。

店が何もない村で、米は隣村から買ってくるものの、食材は村の一軒一軒にもらって作る。食材といってもそのときの旬の一品か二品の野菜しかない。ワンシーズン、毎日ほとんど同じ食材。「一日三十品目とりましょう」という日本のキャッチフレーズを聞いたことがあるが、ここでは一日三品目が関の山。貴重な作物を軽やかに調達してくれる子どもたちに助けられて、ごんごんの村暮らしはあった。

村人たちの主食はとうもろこし。石臼でついて米のように炊く。炊いたとうもろこしは見た目には米のご飯と同じ。しばらくの間、村人の主食は米だと思っていた。突然、家を訪問して炊き上がったとうもろこしを「おいしそう、ちょっとちょうだい」とつまんで、米でないことを知った。「うわ〜香ばしくておいしい」と歓声をあげると、「たまに食べるからだよ。俺たち毎日食べてると、米のご飯が食べたいって思うよ」とトーンの下がった声で言われた。

それからときどき、何かを手伝ってもらったときなど、理由を見つけて米パーティーをごんごんの野外炊事場で繰り広げた。それを最初に提案したとき「鍋が小さすぎてみんなが満腹にならない」と言われ、そのときどき、誰かの家の大きな釜を持参でやって来た。

こうして持ちつ持たれつのサチコール村暮らしは楽しく繰り広げられた。

お泊り会

お互いが馴染んでくると、何だか一人前の村人になれた気分でごんごんも嬉しかった。そんなある日、デップがヘルスポストに泊まりたいと言い出した。聞くと、誰もが毎夜、友達の家を行ったり来たり泊まり歩いているらしい。最初、五十六軒だった家も六十四軒に増えた。一家族同然の村の暮らしでは、外泊は何の問題にもならない。あたりまえのねぐらの一つだった。

「友達数人一緒に」を条件に、お泊り保育のスタート。楽しいことが特別できる訳でもないのに、ただ寝るだけなのに、泊り客は後を絶たなかった。

ベッドは二つあった。どこの家でもベッドは珍しく、それだけでも十分な特別感覚だった。それに何といっても、きれいな布団やシーツがあった。家では土間にござを敷き、家族が身を寄せ合って暖をとり、上からパサリとぼろ布を重ね縫い合わせた布団で寝るところが多かった。ここにあるふわふわのきれいな布団はそれだけで特別な特別な夢見心地のお泊り会だ。

ベッドには二人か三人固まって寝る。それ以上の子どもは床にござを敷いて寝る。それでも楽しかった。

保育園時代、何のきっかけかごんごんの自宅で、かわりばんこにお泊り会をした。その日の炊事は全員でやった。メニューは限られるが、みんなで分担して作るご飯が楽しくって仕方がなかった。みんなで一緒に入る風呂がまた賑やかだった。ごんごんも加えてもらったり、はじき出されて一人で入ったり。枕を並べて布団に入っても、楽しくて興奮して寝付けなくて……いつだって誰より先にごんごんが寝息を立てていた。

何にも変わらない子どもたちとの暮らしの喜びがここにもあった。

唯一つのことを除けば……。

それは、子どもたちが泊まった翌朝は、布団干しが絶対の仕事。水が極度に貴重で、清潔を保つことの困難なここでは、子どもたち大人たちの区別なく誰の頭にもしらみがいる。日向に布団を干すと、しらみがうじゃうじゃはい出してくる。最初は思わず悲鳴をあげた。幸いなことに日向に出てきたしらみは手で簡単に払えた。こうして、お泊り、布団干し、しらみ払いを繰り返せば、何にも問題なく、笑って交わせる日常茶飯事になっていった。

生姜売り

七歳のロッチャミンがお出かけ用の洋服でうきうきしている。

「どこか行くの？」

「うん、ドリマラに行くんだ。生姜売って、帰りに何か買ってもらうんだ」

サチコールは自給自足に近い生活だ。とはいっても、文房具や、塩や灯油など現金で買わなければならないものが沢山ある。現金は作物や家畜、鶏などを売って得る。この日は一家総出で生姜を背負い、隣村ドリマラの小さなバザール（市場）で売ってくる日だ。

ドリマラはＯＫバジの家のある村。生活必需品を売る小さな店が並び、茶店もあり、ここでは焼きそばなども食べられる。ジープやトラクターもある。子どもたちにとっても、今はごんごんにとっても、大都会に思えるバザールだ。

ロッチャミンは十数キロの生姜の入ったドッコ（竹かご）を担ぐ。でも、帰りの買い物の期待が、荷重を軽くする。モーエスの母さんが二十五キロ近くの生姜、小柄なシュリジャナの母さんが二十キロ。じいちゃんは何と五十キロ。信じられないような重さの生姜を背負ってみんなが出発した。荷がなければ村人の脚で二時間の道のりも、こんなに重い荷があったら何時間かかるんだろう。いつも村人に荷を持ってもらって歩くごんごんには、気が遠くなるような道のりだった。それなのにロッチャミンの足取りも心も軽やかだった。

夕方になって、帰って来たみんなの背中のドッコには、思い思いの買い物とお土産が入っていた。ロッチャミンの労働の報酬はスカートだった。とびきり可愛い長めのスカートを、嬉しそうに広げて見せてくれるロッチャミンが誇らしげだった。

じいちゃんはさすがに五十キロは体に厳しかったらしく、全身が痛いと、それでも笑って言った。ごんごんがいつもご馳走になっているおいしい紅茶。その紅茶の葉も砂糖も、こんな厳しい労働から得た収入で買ったものだと思うと、ご馳走してくれる心の深さに胸が締めつけられるような思いだった。

ありのままの性教育

山羊追いの道の途中で、山羊が交尾する。「ちょっとちょっと、公衆の面前で」と照れて日本語で言うごんごん。日本語なのに雰囲気で察する子どもたち。「こうするから赤ちゃんが生まれるんだよ。ひろ子だってこうやって生まれてきたんだからね」「ギョッ!……」

一つの土間に一家が寝る。家によっては数組の夫婦がいる。もしかして、この子どもたちは何もかも知っているのではないのだろうか。どぎまぎするごんごんは、完全に子どもたちの手のひらの上で転がされているのでは?

牛の交尾もごくあたりまえに子どもたちの目に触れる。ヤギのような小さな動物は子どもだって交尾させるために連れまわす。「成功した」「失敗だ」と子どもたちの声も事実のまま飛び交う。心得ている。子ども大人の区別なく、自然の摂理に従って素直に学習を積む。

山羊追いの途中で産気づいた山羊がいた。デップがいち早く感知し、デップとごんごんと群れから離れて山羊の出産を待った。デップは山羊に声をかけながら出産の介助。ごんごんは初めての経験でドキドキ。デップは子山羊が生まれ落ちるとへその緒を自分の鎌で切り、子山羊の口の部分の悪ろを取り除き呼吸を確保した。そして、そのまま親山羊の前に置いた。「全部取ってやらないの?」「ばかだね~あとはお母さんがやるよ、お母さんの仕事だよ~」親山羊がきれいに子山羊をなめ洗った。すると子山羊を抱いて、母山羊のおっぱいにつんつんして、授乳の方法を伝えているようだった。間もなく子山羊が乳房に吸い付いて、また親山羊に託した。親山羊は横たわり、乳房に吸い付く子山羊を見守っている。しばらく含ませて、やがて、自分のパース(風呂敷のようなショール)に子山羊を包み抱き、みんなの群れに追いついた。

デップはまるで助産師だった。生命を知り尽くした助産師だ。大人のごんごんよりずっとずっと大人だった。

デップの出稼ぎ

日本に戻っていたごんごんにヘルスポストのスタッフのマンジュラから手紙がきた。その中にデップがタンセンで働いていることが書いてあった。デップは四年生になっているはずだ。「デップが出稼ぎ？　なぜ？　学校はどうしたの？」もともと勉強が得意な子でもなかったし、勉強より労働が要求される現実もある。でも、なぜ？　という疑問を抱きながら再びサチコールを訪問する日がめぐってきた。

首都カトマンドゥよりローカルバスで十一時間、タンセンの町で一泊だ。いつもの宿に荷を下ろし、すぐ町へ飛び出した。小さな町だ。町中探せばデップに会えるかもしれない。バスの疲れも何のその。町中を目を皿のようにしてくまなく探した。「あっロッケアーだ」。サチコールの同年齢の子を見つけた。ロッケアーはびっくりすると同時に「あそこにデップがいるよ」と教えてくれた。見るとちょっと離れたところで誰かと話していた。ごんごんはロッケアーに「しっ、しっ」と口止めをして、そお～っとデップに近づき、後ろから両手で目隠しをして声を殺した。「誰だと思う？」ロッケアーが言う。

「だれ？　この手はだれ？」「……うふっ」「あっ、ひろ子だあ～」「きゃ～」

互いに感動の再会だ。しかも、タンセンの街角で。ごんごんは気になっていたことを矢継ぎ早に質問した。

「どうして出稼ぎに来たの？　誰が働きに行けって言ったの？」

「自分で決めた」

「誰も行くなって言わなかったの？」

「みんなが行くなって言った。ばあちゃんもだめだって言った」

「じゃ〜どうして来たの？」

「働いてお金ほしかった」

「何に使うの？」

「家の人が楽になるから」

「それで働いて楽しいの？」

「楽しいよ。毎日おいしいご飯だし。ね、行こう。俺の働いているうちに行こう」

『俺の働いているうちに行こう』

その一言でほんとにほっとした。あれこれ思い悩みながらここまで来た心配が一気に吹き飛んだ。

何の前ぶれもなく訪れたごんごんを連れて行ける家。それは雇い主ととてもいい関係で働けている証だ。デップは本当に楽しく、可愛がられて働いているに違いない。

「ね、デップとロッケアー、二人ともあしたから三日間、お休みもらえないかな、ひろ子を村まで連れて行くためにって言って」「うん、言ってみる」

働いている店の自宅に着くと、突然の訪問にもかかわらず、家中のみんなで喜んで迎えてくれた。夕飯を食べて、泊まっていってほしいとご主人がいう。そばでデップが嬉しそうに「そうして、そうして」と言う。でもホテルを予約し、荷物を置いてきたので食事だけにしてもらった。そして、家人の善意に甘えて、帰国時は泊めてもらうことにした。

食事の準備が始まる。デップはごんごんにテレビのチャンネルの使い方を伝えて、食事ができるまでテレビを見ているように言った。何だか不思議と、初めてテレビを見るような気分だった。そしてデップは家人の言葉に「はい」「はい」と明るい声で応じ、会話を交わしながら働いていた。テレビをかけたまま、ごんごんは影で交わしているデップの声に釘付けだった。

ご主人に三日間のお休みを願い出ると快く許可された。別のところで働くロッケアーも承諾された。

翌朝七時、ごんごんの泊まっているホテルの前で待ち合わせを約束して、その夜は夕食後帰った。

翌朝七時、来ない。七時十分……十五分……昨日はいいって言ったけど、今日はだめって言われたのではないかなど、いらぬ心配していると……

「ひろ子～」

「来た来た！」七時二十分、二人が息を切らして走って来た。

そのとき、鞄の中からバラバラッと何かがこぼれ落ちた。拾おうと身をかがめるとマッチだった。見た瞬間、涙がこみ上げた。家へのお土産だ。マッチは買えば一ルピー（二円弱）。それも節約して村ではおき火をたやさない。現金は一ルピーと言えども貴重であった。たとえ子どもでも生活を背負っていること、働いたお金は家族を助けるためのものであることが一目でわかる。デップの心がいじらしかった。鞄の中にはマッチが十個ほど、他にドリマラにも売っていないようなパンが入っていた。

「ごめんごめん、仕事今終わった～」

「えっ、もう仕事してきたの？　偉いね～」。ほんとに偉い子どもたちだ。

「そうだよ」

「これはおみやげ？」

「うん、マッチとパン。これはばあちゃんにお土産。俺たちは毎日うまいもん食ってるからさ」

ばあちゃんがパンを見てびっくりする姿も、デップが言う「毎日食べているうまいもん」も村に比べたら雲泥の差だが質素なものであることも、ごんごんは容易に想像ができた。

「さあ～行こう。乗って」

「えっ、ジープで行くの？」

「荷物いっぱいあるからジープでドリマラまで行こう」

「ええ～っ、お金すっごく高いんだよ」

「大丈夫、お金持ってるから」

「ひゃあ～俺たちもジープに乗れるんだぞ」

二人ははしゃいだ。無理もない。村人がタンセンに来るにはサチコールから二時間歩き、ドリマラからさらに六時間歩いてアレバンジャンに着く。途中からバスが一日数本走っているが、サチコールの村人たちは乗ることがない。近隣でも極端に貧しい村である。アレバンジャンからバスに乗ってタンセンに着く。その道を今日は、車、それも貸切のジープ。それだけで二人は有頂天。車窓の景色が、歩いているときとは別物のようで、二人の驚きの会話が途切れることがない。その合間に「いくらなの？」「千五百ルピー？　ひゃあ～ほんとにお金あるの？」「すげえ～高いなあ～、もったいないなあ～」と何度も言っていた。デップたちの一ヵ月の働きは、食住を保障され、ときどき衣服をもらい、五百ルピーほどだから無理もない。それでも彼らにとっては大金なのだ。

「ごめんね、無駄使いして」。心の中で詫びた。でも、三人で乗るジープはすごく楽しかった。

ドリマラでジープを降りて、迎えの村人に荷物を持ってもらって、サチコール村に入った。

二日間があっという間に過ぎ、あしたが帰る日になって、デップが「もう一日泊まるから」と言い出す。「五日ぐらい休みをもらってくればよかった」とごんごんも思っていたところだったが、主従関係の中での約束事、しかも初めての帰省であるから心を鬼にして「約束は守ろう。今度また休みをもらえるように、あしたは帰ろう」「……」静かにデップはうなずいた。心がきゅっと締め付けられる。「私帰るとき一晩デップのところに泊めてもらうから、旦那さんに言っといて」「ほんと？　ほんとに？」「うん、約束する」「じゃあ～あした帰る」急にデップの声が弾んだ。

翌日、バス代とわずかの小使いを渡して見送った。

それから、帰国時、約束どおりデップの働くお店に行った。ご主人も家族もデップも大喜びで迎えてくれた。テレビを見て、ご飯をご馳走になって、その家の子どもたちと楽しく遊んであっという間の時の流れ。就寝時間となり部屋にデップが案内してくれた。ベッドが用意されていた。

「デップもこの部屋に寝たら。ここに布団持ってきて」一瞬さびしそうな表情をしたが、すぐ笑顔になって「いいよ、俺はあっちに寝るとこあるから」そう言った。ヘルスポストにお泊りをした頃のデップと違う。今は働く身、仕える身、デップは少しずつ大人の社会を知り始めているのだ。一抹の寂しさを感じながら、ごんごんは成長していくデップをじっと見つめた。

翌朝、バスは六時出発。まだ真っ暗だ。デップは既に起きていた。準備を整えて、ご主人からお土産に仏像までいただいて、デップに見送られてバス停まで歩いた。初めての村での生活のあとの帰国時、デップたちが村はずれの橋まで送ってくれたことを思い出した。誰の心も言葉にならず、黙ってもくもく歩いたあの日のことを。そのときと同じ気持ちで二人で黙って歩いた。デップの持つ懐中電灯が、ごんごんの足元を明るく照らしていた。

「今度、いつ来るの?」

「う~ん、四ヵ月後くらいかな」

「来るよね、必ず来るよね」

「うん、来る。必ず来るから」

ごんごんにとってデップは一体何なのだろう。友達? 子ども? 孫? 恋人? 赤の他人?

バス停に着いた。時間はもう少しあった。でも、このまま二人で並んでいることがつらかった。

「デップ、ありがとう。もういいよ。今度来るときも会えるから。大丈夫だよ」

「……うん……」

デップは言葉もなくうつむいたままクルリと背を向け、今来た道を引き返した。

涙が知らず知らず流れていた。きっとデップの頬にも……。

ＯＫバジの願い

まん丸目玉と「ふ〜んふ〜ん」のＯＫバジ（垣見一雅氏）は、ネパールで暮らし始めて今年（二〇一二年）で一八年になる。

ヒマラヤ山脈のアンナプルナトレッキングで雪崩に遭い、同行のポーターが亡くなったことをきっかけに、日本での教師人生にピリオドを打ち、ネパール東パルパのドリマラ村で暮らすようになったという。村人との暮らしは、新しい自分との出会いで「自分に魂をくれた村人たちへの恩返し」と称して、ネパール政府すら足を運ばない山奥のまた山奥の村々を歩き回った。村人たちの声にならない声を掘り起こし、村の真の自立を願って私財を投げ打って、寄せられる日本の知人からの善意を背負って、たった一人で活動を続けている。

当初、ネパール語が話せず、通訳を伴って英語で話していたとき、いつも取り囲んでいる子どもたちが、相槌の「ＯＫ、ＯＫ」を耳ざとくキャッチし「ＯＫバジ（おじいさん）」と愛称で呼ぶようになり、それ以来、本名は誰も知らないが「ＯＫバジ」は村々の有名人になっていった。

「受け取りに来てくれてありがとう」

バジとの初めての村歩きはリンネラハの衣料支援（古着）の同伴だった。刈り取った後の広い稲田が会場。ドリマラとサチコールしか知らない者には豊かな村に見えた。大勢の人が集まっていた。まるでお祭りのようだった。子どもたちの表情は、初めて会うごんごんにも積極的に笑顔を投げかけてくれた。一目で、教育が発展している様子が伝わってくる。

いよいよ開始。村人が一人ひとりバジのところにやって来て、衣服を受け取る。手渡しながら一人ひとりにバジが「ありがとうね。よ～く歩いて来たね、ありがとうね」と声をかける。長い行列が延々続く。「元気だったの？」「誰と来たの？」「病気は治ったの？」「ありがとう、ありがとう」

ちょっと休憩になり、気になったことを尋ねた。

「バジ、どうしてバジのほうがありがとうと言っているのですか。反対じゃないですか？」

「いいえ、みなさん、山道を何時間もかけて歩いてここまで来るんですよ。足の不自由な方もね。どこかに一泊して来る人もいるんですよ。大変ですよ～。わざわざこれを受け取るために。本当に来てくれてありがとう、という気持ちです」

そのあとの村人の挨拶をバジが通訳してくれた。

「『バジは自分はボロボロの洋服、指の出た靴をはきながら、私たちに支援してくださっている。バジが村に来て、いい仕事をしなかったときは一日二回の食事は出していただかなくていいですとおっしゃっていいます』って言ってるんですよ。いつか冗談交じりに言ったことをよく覚えているのですね。はっはっはっは……」と笑った。涙が込みあげてくるような言葉だった。

バジと村人との関係のあり方が「支援」という言葉をすり抜けて「同胞」そのものに感じられた。「支援」とは？　大きな宿題をまた一つ抱えた気がした。

その後もバジとの村歩きをしながら、宿題はだんだん膨らんでいった。

「何もないところには何もできない」

ある学校の完成式典に参加したときのことをバジが語ってくれた。

「いろんな村を歩いていると、いろんなことがあるんですよ。いろんなこと耳にして村人が僕を待っているんですよ。あるところで『私の村に学校を建ててください』と陳情に来た人がいましてね、それで、村には何がありますかと聞いたら『何もないんです』と応えるんですよ。僕は、何にもないところには何にも建てられませんとお断りしました」

「ええっ、何にもないから建ててあげるんじゃないんですか？」

素朴な疑問だった。

「いいえ、僕にできることは限られています。『村には石と土と木と砂はあります。労働力もあります』と言われれば、セメントがない、屋根のトタンがない、それではそれを僕が準備します、とは言えるんですけどね」

抱えた宿題「支援」がさらに重たくのしかかってきた。

『何もないところには何もできない』この言葉の深さは後々、村歩きを重ねて知ることとなる。

語らぬ人びとに会いに

バジは村人が建ててくれた小さな家をドリマラに持っている。日本の支援者への報告のために二ヵ月間帰国することを除いて、十ヵ月のネパール滞在の日々、ここに寝泊りするのはほんのわずかだ。郵便や各種の連絡がここに来るので都合をつけて帰るものの、ほとんど村歩きで毎日寝床が変わる生活だ。バジは自身の村歩きを「語らぬ人々に会いに行く」と言う。

しっかりした意見を誰かに伝える力や、多少の権力を持っていると思われる人は自分で足を運んで主張できる。しかし、なかなか思いを口に出さない、出せない人や村が沢山いる。そういう人たちに会いに行きたい。その人たちの気持ちを知りたい。困っていることを知りたい。そういって村歩きを続けている。

語らぬ人が語る力を持ったとき、人は変わる。人が変わったとき村が変わる。村の自立は語らぬ人びとの心の中にあるのかもしれない。バジはそういう人びとに会いに行くのだ。

ナマステ〜　どこへ行っても人々に歓迎されるバジ

ヘルスポストでバジを見送る　「移動事務所」（リュック）を背に、村から村へ何日も歩く

「ふ～ん、ふ～ん」と何もかも受けとめてもらえると安堵した、バジと初対面のあのときの自分の心のうちが蘇ってきた。

「あ～そうですか？」

バジと歩く山道は楽しかった。冗談を交えながら村々の話を聞きながら、こんなに厳しい環境なのに希望が湧いてくる。次はどんな村に行くのだろうと苦しい道のりにすら楽しさが募ってくる。ときどき、子どもの世界や日本のことに話が及ぶと、ついつい現状を愁う愚痴となる。しかし、どんなときでもバジの「そうですね」という言葉は聞いたことがない。「そうですか？」「僕はよくわかりません」そんな言葉が返ってくる。肯定的な話題になると、尽きることなく会話が弾むのに。

普段の会話でも、バジから否定的な言葉をあまり聞いたことがない。頭ごなしに決めつけたものの言い方や命令口調、ぞんざいな言葉を聞いたことがない。誰に対してもユーモアを交えたあたたかい丁寧な言葉である。

自分の意見を言う前に、相手が考えて自分の意見を言えるような会話をしているように思える。

建設中の学校現場に行き、暗い部屋の状態に気づくと、村人たちに投げかける。

「暗いですね～どうしたんでしょう」

「はぁ～窓が小さいですかね。あ～、こっちに明り取りが必要ですね」

「はぁ～なるほど。そうすればずいぶん違いますね～。いい考えですね～」

「屋根はどうですか？」

「そうですね、一ヵ所透明のトタンを張ればずいぶん明るくなります。そうします」

そしてその後に訪れると、

「おやぁ～、ずいぶん明るいですね。これだと雨の日に窓を閉めても明るいので子どもたち勉強がしやすいですね～。喜びますね～。みなさんいいアイディア持ってますね～。日本の支援者も喜びますよ～」と感心する。

バジはいつでも、村人たちが主体となって建設するやり方にこだわっている。失敗も様々な工夫もバジのほうから提案せず、村人が気づける投げかけをする。そして実行のあとには必ず驚きと喜びの具体的な指摘をする。そして、必ず笑い声に包まれる。そして、遠く離れた日本の支援者が喜ぶだろうことを伝え、ネパールの村人との心をつなぐ。バジは人の心と心をつなぐ名人だ。

本気のやる気

「村人たちと学校を作ると、政府が建てるときの三分の二くらいの予算でできるんですよ。ひどいときには半分近くの費用でね」

「どうしてですか？」

「村人たちが本気のやる気を起こしたとき、労働力は村全体で提供しますよ。石や土、砂は女の人や子どもたちまで、みんなで川から山から運びます。みんなが結束して知恵を出し合って働きます。どうしてもお金で買わなきゃすまないものだけ、日本の支援をいただくんです。三十キロのセメントを運ぶ仕事（車の通る所から先は人力で山道を運ぶ）ができる人は少なくなりました。専門の人に頼むと人件費がすごく高いんですよ。それを全部、村人が担ぐんです。人件費は高いですからね」

なるほど、バジはいつでもひとつ要求が出されると、村全体の話し合いの場を持つ。みんなが一致して「本気のやる気」が熟するときを待つ。決して急がない。

要求が一つひとつ実現し出すと夢が膨らんできて、一度に二つの要求を出すときがある。でも決して否定もせず、かといって同時にやることもなく、

「どちらが緊急でしょうかね〜、緊急なほうからやりませんか？」と提案する。

「村全体が本気のやる気を起こしたときは、みんないい仕事しますよ。いいもの作りますよ。作ったあともみんなの物として大事に使うし、修理もするんですよ。長く使えるんです。本気のやる気を起こすのは簡単なんですよね。ほんとにほしいものがあるときですよ。でもね、村人がほしいものをどんどんあげるのは、村人を駄目にするという考えもあると忠告してくれる方もいるんですけどね。どうしたらいいんでしょうね」

バジと村歩きをしながら、本気のやる気に輝いて取り組んでいる村の様子は、バジの姿を見つけたときの子どもたちの反応でわかるような気がする。子どもたちが群がって誘導する先には必死に労働

する大人の姿がある。誰もが夢を創造する喜びにあふれているように思える。子どもたちは大人の心に敏感だ。難しいことはわからなくても、感覚で本気のやる気を読み取っている。大人のあとをついて、一緒のことをやり出す。それは紛れもなく共同の喜びだ。

「村人のほしいものをどんどんあげていたら村人がだめになる」という考えは、ここでは心配ないことだと思えてくる。ものやお金を無尽蔵に提供するならまだしも、ここでは村中の人の総意のもとにことを進め、優先順位を話し合いながらすべて人力で行なっているのだ。このやり方は真の自立の道を探る人の心を育ててこそすれ、だめにすることはない。しかも、村の人びとの願いは、ほんとうに命に関わる最低限の要求や夢である。初めから「足るを知る」村人たちの生き方だ。

知足の風

初めてドリマラ村に入った日。汚れ疲れきった体を水で流したくて、バジに水場につれてってもらった。小さな湧き水の場だった。小さなコップで静かにすくって汲み貯める。朝夕は村人が行列をなす水場。順番を待っての水汲みは最も大切な、もっとも大変な仕事で子どもたちも借り出される。日中は学校や仕事に出かけ、水場は静かだった。

「僕はね、ネパールに来て足るを知ることができました。知足の風ですよね」

バジの声が風に乗り、私の心の中に知足の風が吹き抜けた。

その後の村歩きで、汗と土ぼこりにまみれた体をもてあまし、村に着いて村人に勧められると我先にと水を浴びた。それなしにはさわやかになれない弱い自分がいた。でもバジはどんなに「水はたっぷりありますから使ってください」という村人の誘いにも「ありがとうございます。いただきます」とコップ一杯ほどの水を手にする。「あ〜バジ、水沢山ありますよ」の言葉に「大丈夫です。これで充分です。私の今日の割り当てはこれで充分です」と言って、ガンジーにまつわる話を出した。でもバジは川を通るとき、そこではたっぷり水を使い、時にはあっという間に川の中に飛び込む。村の水は、どんなに沢山あっても、誰かが苦労して汲んでくる水。その苦労の見える水を「知足の風」に包まれながら、その日の割り当てに感謝しつつ使っているのだ。「もったいない」が口癖で「一日一捨（一日ひとつ余分なものを捨てていく）」をモットーとしている。

「知足の風」それは、先進国といわれる便利漬けの生活におぼれている私たちが、ネパールから学ばなければならない風に思える。

「知足の風」をもっともっと世界に吹かせよう！

子育ち村育ち

バジは「村が育っていくのは子どもが育っていくのとよ〜く似ています」と言う。

一年に二ヵ月、バジが日本に帰ってくる時期を待って、毎年『ＯＫバジ講演会』を開いている。主催は「七夕会」。保育関係者を中心にした参加自由な会だ。ＯＫバジからネパールの豊かさを学び、自分たちの暮らしを見直すことを趣旨としてスタートした会だ。

ある年のこと。演題を「子育て・村育て」と題してバジにお願いし、会が始まった。

「子どもは自ら育ち自立していくのですよね。村も同じことですよ。村育てだと、何だか私が育てているようで、おこがましいんですよね。私がやっていることはお手伝いにすぎないんですよ」

「すみません。今の言葉は保育者として常々心に刻んでいるつもりが、何という……すみません、今すぐ演題を変えさせていただきます。『子育ち・村育ち』に訂正させていただきます」

大きな看板の文字をあわててマジックで訂正した。会場の参加者は笑ってあたたかく受け入れてくれたけど、保育士を名乗るごんごんたちは冷や汗たらり～。穴があったら入りたい。

「子どもが発達の主体」と常々口にしながら、理論と実態が伴わないこの現実。保育士として、ＯＫバジの活動から学ぶべきことが山ほどあるようで、いや、ＯＫバジの活動そのものが、保育の精神そのものに通じるようで、バジとの村歩きに引きずり込まれていった。

相談相手

「村のことは村人が一番よく知っていますよ」「誰でも、命令されるより、相談相手にされて一緒に考え合ったほうが嬉しいものでしょうね。いろんな考えも面白いように出てきますよ。もっとも、僕の知恵はたいしたことありませんから。村人が考えたほうがずっと確かですからね。僕に力がないだけですけどね。はっはっはっは……」バジの口癖だ。

表面的なやり取りでは見えてこないことが、時間をかけて村全体で何度も何度も話し合う中で有志のものでない、村全体の要求、夢の実現に至り「本気のやる気」で村中が燃え上がる。その中で一人ひとりが成長・発達・自立していくという道筋をバジとの村歩きで、村人とバジとの関わり方を目の当たりにしながらの学びの旅だ。

保育士として大事にしてきたことが、ここには山ほど転がっている。

保育士として、子どもの姿にほとほと困ってしまうと、母親に「ね～どうしたらいいんだろう、お母さんどうしてるの？」とごんごんも親に泣きついてきた。バジの語る相談相手とは中味がまるで違うけれど、手放しのしがみつきの情けなさはあるけど、「まっ、いいか」とかつての自分を許す。

保育士ごんごんの相談相手は子どもたち。保護者、保育仲間、友人、知人、あらゆる人を巻き込んで、いつも大騒ぎしながら育ち合う。

「俺たち貧乏人に支援しないバジ」

ある村を歩いていたとき、村の青年がわが子を抱いて走り寄って来た。

「バジ、子どもがカトマンドゥで足手術して来たよ（生まれたときの障害）。ホラ、見て」

「あ〜よかったね。元気そうだね」

「それでさ、バジ、俺にいくら支援してくれる？」

「自分で頑張ってお金貯めて手術してきたことは、この子が一番喜んでいるよね。よかったね」

「そうじゃないよ、お金いくらくれる？」

「お金準備できなくて困ってる人がまだまだいるから、その人たちのために使いましょう」

「え〜っ、バジは俺たち貧乏人には支援してくれない。いつも金持ちだけ支援して」

難しい支援の話は、ネパール語の拙い私は遠巻きに聞いている。だが、この言葉を耳にして頭から突然火を噴出す思いで黙っていられなかった。

「ちょっと待って、バジが金持ちにだけ支援するんだったら、こんなに苦労して村々を歩き回らない。みんなの意見を聞いて、必要な人に支援しようと思うから歩いている。あなたの今の言葉は私は非常に悲しい」と全身に力をこめて言いきった。相手の反論は聞く気も余裕も語学もない、とばかりに言い放ってそっぽを向いた。涙がこみあげてきそうで、相手の顔も見ていられない。「あ〜悪いことをした。一方的に怒鳴り込むだけで」と反省をしつつ、あとは意識的に耳をふさいだ。

バジと青年は再び話し合っている。笑い声すら上げながら周囲を取り囲む村人たちと言葉を交し合って、やがて「じゃ〜」と互いに笑顔で別れを告げた。

「すみません、余計なことしゃべって。最後はどうしたんですか？」

すみませんといいながら、どこか切り口上だ。

「お金の支援は納得したのですが、今度はバレーボールがほしいということで、タンセンまで取りに行くことにしました」

それを知って、ますます腑に落ちない苛立ちを感じながら道々自問自答した。

「語らぬ人びとに会いに」――バジの言葉が胸に響いてくる。

青年は低いといわれるカーストに属している。今まで大きな声で自分の意見を言う場はなかったに違いない。今、やっと、バジの力を借りて言えるようになった。その要求が正当か不当かを問う前に、言えたことを認める人の存在は必要だ。バジは青年の主張を認めて話し合っていた。私に欠けていたのはその認めだ。「よっぺちゃんの三台の自動車」を認めた自分を見失い、青年の要求の不当さを責めた。子どもに発達の結論を委ねた自分はどこにもなく、青年に結論を委ねたバジにさえ苛立ちを感じていた。青年は自分を認められながら、さらにバジや周囲の人と交わることで、誰にも認められる要求に昇華させていくのだろう。

バジの言う「村が育つことと、子どもが育っていくこととよく似ていますね」という言葉が、ごんごんの胸をかきむしる。あ〜あ〜、この保育士はいつになったら未熟から脱せられるのだろう。

反省したつもりのごんごんは、しかしその後もずっと悶々としていて、感情的にならずに、笑顔で通せるバジに対してさえも納得できないものを感じていた。

次の村歩きで思いきって問うた。

「先日のことですけどね、どうしてバジはあんなときも怒らないんですか？」

「そうですか、怒らなくても伝えられるでしょう」

「でも、怒ってでも伝えなければならないことがあるでしょう？」

「こちらが怒って話すと、相手も怒ってしか話しませんよ。怒れば自分に返ってくるだけですよ」

「……はぁ～そうですけど……」

次の言葉はなかった。

また道々自問自答するしかない。


保育園勤務時代、研究者を招いて保護者学習会を開いた。席上「子どもをたたいてもしつけをしなければならない」と説いた父親に、研究者から「たたかなければ教えられないことって何でしょうかね？」と尋ねられて、そこにいた全員が唖然としたことがある。その日の結論はたたいて教育することの否定論だった。たとえ感情的にたたいてしまったとしても、それはたたいてしつけることではなく、意図は正しくても、たたいたことは子どもに謝るべきことではないかと思えた。その結論と今回の議論は同質だと納得がいった。こんなことまで再度質問しなければ納得のできない自分が幼くみえた。そう知りつつ、納得できないと動けなくなる幼き頃の自分がいまだにここにいる。

バジの幸せ

村人たちに「神様」と崇められ、「同胞」と慕われるOKバジ。

バジの幸せは村人たちが運んで来る。

「この子が僕の患者第一号です。角膜移植に成功したんですよね。二人の子どもの父親ですよ」バジの言葉に押されて、青年がちょっとうつむきながらわが子と一緒にバジの隣に座る。バジの嬉し涙を、手術の成功した自分の目で見ている青年だ。

「あ～バジ、バジ、待ってて、娘を連れて来るから。岩が落ちて頭が割れて病院に連れて行ってもらった娘が元気になったから、会って」

ある村で、走り寄って来た男性が急いでしゃべって走り去った。しばらくして娘を伴ってやって来た。父親は「ホラ、バジ見て」と娘の帽子を力任せにはぎとった。娘は一瞬こわばり、バジの眼を見た。バジは娘の頭を見て「うわ～あのときの娘さん？　こんなにきれいに治ったの？　うわ～よかったね～」と顔を覗き込んで喜びを伝えた。やっと娘の顔に笑顔が浮かんだ。頭は何ヵ所もの傷跡をくっきりと残していた。怪我の深刻さが一目瞭然。よく助かったと思える傷跡だ。短い髪の毛が伸び始めていた。「よかった、ほんとに助かってよかった。ありがとうね。ありがとうね」バジの喜びの声が娘をやさしく包む。バジは本当に幸せそうだった。バジの「ありがとう」の言葉がみんなを幸せにする。

父親の無造作な帽子のはぎとりにどきりとし、娘のこわばった視線にどきりとしたが、バジの言葉にみんなが幸せをかみしめている。バジの幸せは、こうして村人たちが運んで来る。

幸せは決して一方通行ではない。つながり合うことで双方にもたらしてくれるもの。バジの活動も、村育ちも、子育ちも、ネパールも日本もみんなみんな「おたがいさま」。

村歩きの途中　ちょっとティータイム

どこへ行くネパール

ネパールの夢

何もかもが桃源郷に思えるネパールの山奥の村々にも、どんなにゆっくりでも近代化の波は押し寄せている。山襞を削り、森林を伐採しながら自動車道路が作られる。電気が通る。様々な情報が入る。

近年、二十歳前後に結婚し子どもが生まれると海外（主にドバイ・カタール・マレーシア等）に出稼ぎに出る若者が増えてきた。斡旋してくれた業者への支払いと、一定の財産を築くためには三年ぐらい村に帰って来ない。村に帰ると家を建て、子どもたちを町の私立学校に寄宿させ教育を受けさせる。出稼ぎに出る若者がいない家との生活の状況が少しずつ変わってくる。今はまだ格差というほどにはなっていなくてもこれからどうなっていくのだろう。やがて訪れる状況を思うと胸が痛む思いもあった。

村の人びとは、村がどんなふうになることを願い、どんな夢を描いているのだろう。

そんなことを思うと、この村の異質な自分の存在を、ふと「これでいいのだろうか？」と感じることもある。

しかし、ＯＫバジが村の真の自立を願って、村人と共に歩む姿に学びながら、価値観や文化の押付けではなく、自らが考える力をつけていくための環境を作る手伝い、村人だけでは困難な問題解決のための手伝いは、共にここに暮らす者としてやれることがあると感じてきた。

村で暮らしながら折々に日本の絵本や紙芝居を子どもたちに読み聞かせ、自由にいつでも手に取れるような絵本コーナーを作ってきた。好きな絵本を選び出し「読んで、読んで」と飽きることなく何度も持ってくる。簡単なネパール語、しかも話し言葉しか話せないことが幸いして、子どもたちに二〜三度読んでやるとすっかり暗記して、他の子どもたちに読んでやっている。いや、語り聞かせているのだ。それは思ってもいなかった絵本のもたらしてくれた子ども同士の関わり合いだった。時折訪れる大人たちにさえ、手に取った本の説明をする姿があった。

そんな姿をまのあたりにしながら、ごんごんが帰国したあとでも、いつでも自由に絵本やネパール語の本を手に取ることのできる場所が、ここサチコール村にあったらいいなぁ〜と思うようになった。しかし、それはこちらの一方的な思いでできるものでなく、村人と一致した要求にならなければ定着しないこと。学校の現状なども考慮しながら、ＯＫバジに村人との話し合いを何度か持ってもらい進めてきた。

その結果、二〇一〇年十月、ごんごんの毎年定期のネパール訪問時期を待って、絵本文庫サパナ

（夢）はめでたく着工に至った。土地は学校の裏手に既に決定していた。だが、そこはサチコールにとってとても貴重な土の良い土地だったので、申し訳ない気持ちになった。土地の持ち主に話すと、サパナ（夢）が立つのだからと笑顔。しかも建物は二階建てにし、二階は集会所にも使えるというおまけつき。村は湧き立っていた。

地ならしから始まって、村人総出のハイスピードでの作業が毎日繰り広げられた。これはきっと「ひろ子がいる間に完成すると喜ぶよ」というＯＫバジと村人との計らいに違いない。バジは人と人との心をつなぐ名人だから。

建設に必要な道具や機材を見ると、これで建物ができるの？　と思えてくる。すべてが人力の共同作業。のこぎりもかんなも二人組みが息を合わせて大木に挑む。まるで人と人との営みそのもの。語り合いながら、笑い合いながら、共同作業が繰り広げられる。子どもたちもその一部始終を毎日見ながら、ときに手を休めている大人の合間をぬって、授業の合間をぬって同じことを試みる。大人の仕事は何でも見よう見まねで再現する子どもたち。それを見守る大人たち。物を作ること＝人と関わること。子どもたちはこれをまのあたりにしながら暮らしている。

建設の中心は村人の十三人の大工さんグループ。それ以外の村人の労働は石運びや木材伐採などサルマダン（村民参加）と呼ばれる無償労働奉仕。これがもっとも大事。村のことは村の資材を使ってみんなの力でという自立に通じる道。これがあるから完成したものへの愛着が湧くし、修理も自らでやれるというバジのやりかたでもある。この一連の作業をすべて見られるということは幸せなことだった。一つひとつ進み具合がわかるだけでなく、村人たちの苦労と喜びのすべてが伝わってくる。ごんごんも村人に加わって石運びの作業をした。ドッコ（竹かご）に石を入れてナムロ（頭で担ぐ紐）で運ぶさまはいつだって笑いの対象。おまけに二～三十キロを担ぐ村人に比べ、十四～五キロ担いでよろける姿は村人の娯楽番組さながら。しかも五～六回運ぶと根を上げる。

二ヵ月後、外郭ができ上がり、石積みと土壁を塗ったあとに仕上げのセメントを塗る。日本の友人から送られた「とんぼ玉」（鮮やかな色彩のガラス芸術品）を乾ききらないセメントの壁に「SAPANA LIBRARY」と埋め込む。それはネパールの熱い太陽の光に見事に輝いた。まるで子どもたちの夢がきらきら輝き出したような気分だ。沢山の日本の友人知人の支援と村人の心をOKバジが結んでくれた。何だかすっかり完成気分だった。

それから数日後、いろんな工夫のなされた内装が終わり、本当の完成の日がやってきた。

十二月二十三日がお祝い会に決定した。その前日、それまでヘルスポストの部屋に置かれた絵本が子どもたちの手により引越し。それぞれが大好きな絵本を選んで小脇に抱え、頭上に載せ、両手で抱きかかえて、ヒマラヤの見える道をサパナ文庫まで賑やかに、鼻歌交じりで運んだ。

文庫の書棚に一冊ずつ子どもたちがきれいに並べる先から、大人たちが喜んで引き出して、歓声をあげながら頁をめくり出した。並べている子どもたちがちょっと誇らしげに大人の手にした本にコメントする姿もあり、それを見ていてほんとに幸せな気分だった。子どもから大人へ、大人から子どもへ、何をしてもあたりまえのように、心が行き来していた。

紙芝居は絵本の管理の次の段階でと考え、置かないことにしようと思っていたが、『大きなだいこん』の紙芝居に村人の顔写真を貼ったサチコール版はぜひほしいというたっての願いで置くことにした。そして大人たちみんなのリクエストで、文庫で披露。大きな笑いの渦に包まれた。

そしてお祝い会当日。

村人がみんな集まった中で恒例の会計報告。日本の支援が伝えられ、そして、ごんごんの石運びの姿を見て、大工さん全員が一日の日当を返上、マレーシアの出稼ぎに行っている村人たちから一万五千ルピーが寄付された旨の報告がある。これには驚いた。厳しい条件の中での厳しい現金収入にもかかわらず、それぞれが最大限の村への供出に胸が熱くなる。自立の道をしっかり歩もうとしている村人の大きな一歩に思えた。

大人の退屈な祝辞が続くと、子どもたちが三々五々会場を去り出した。学校の先生に「子どもたちに座っているように伝えてほしい」と伝えてもどこ吹く風。「子どもたちとのお祝い会なんだから」と言っても「だいじょうぶ、だいじょうぶ」と悠然。何がだいじょうぶ？　子どもたちに対する指導のありように不満がむくむく。しかし、落ちつかなくなるごんごんをよそに会は続行。

そして最後にごんごんの出番。先生の指導のありように不満を持つ自分の思いを正直に伝え、完成した文庫も大人の都合ではなく、みんながいつでも利用できるようなシステムを作ってほしいことを伝えた。学校にずけずけと言いたいことを言うのは、黙っていられないごんごんの性格。それが最善

村人総出で絵本文庫の建設　土台掘り

大きなのこぎりも共同作業

ごんごんも石運びの手伝い

お祝いの会で村からの記念品をいただく

完成した２階建ての絵本文庫

の方法ではないけれど、ネパールシステムの中での異質なものだからできる一面でもある。いつもの反面教師よろしく、きっと小さな波紋にはなれると心の中で思う。

そして気分を変えて、今日の出し物。あらかじめ準備していた村出身の先生の絵本読み聞かせ。佐藤忠良作『木』（福音館書店）。仙台在住のネパール人の協力で翻訳つきだ。次に、普段公式な場で出番のほとんどない女子生徒にネパールの絵本の読み聞かせをしてもらうはずだった。一週間前に依頼していたにもかかわらず、男子生徒が読むという。そこでもごんごんの腹の虫がむっくり。一言異論を呈したものの、この段に及んで女子生徒がやるはずがない。涙をのんで受けとめる。村人みんなの前での披露は大喝采を浴びた。絵本の面白さを知った者が、見たことのない人に喜びを伝える。大人から子どもへ、子どもから大人へ、そんな言葉さえ必要としないここの村のありよう。大人と子どもの区別なく誰もができる力を、誰とも解り合い、共感し合って育ち、生き合う村のありようがここにある。ごんごんも大満足。

そして手づくりの大型絵本『海山合戦』の披露。最後は子どもたちとの共同制作の絵を披露。建設のために沢山切った木の詫びに代えて、A３×八枚の大きな木の共同制作。大きな木の枝には縦横無尽に小鳥が羽ばたき、花が咲く。これはみんなが驚いた様子。無理もない、絵を書く紙も材料も皆無の子どもたちにとって、こんな大きな絵に挑戦できる力、表現力にみんながわいわいがやがや……。そして子どもたちと、日本の歌「大きな栗の木の下で」を歌った。

最後の会の終わりの挨拶は学校の運営委員長である村人。こういう会では儀式的になって、子どもにとってつまらないものになりがちな話が多い中で明らかに違っていた。一言ひとことが誰の耳にも心にも届いている様子。先に読まれた三冊の本からの引用。そして、見たことも行ったこともない行くこともない国、日本のみんなからの支援でできたことへのお礼。最後は舌と歯のたとえ話になった。「人間の舌は生まれるとき既に口の中にある。歯はその後に出る。歯は硬く強い。舌は歯のような強さもなくその奥でじっとしている。やがて強い歯は抜けて去っていく。しかし、舌は相変わらずじっと口の中にある。いつまでもいつまでも同じ場所で同じ役割でじっと持ち場を守っている。それは日本人と自分たちのようでもある。私たちは舌のように我慢強く、粘り強くここを守る」という話で締めくくられた。子どもたちもじっと聞いていた。ネパール語を深く理解できないごんごんの心にも、一言ひとことがしみこみ、涙がこぼれ落ちた。

人それぞれに持ち場や役割があるのかもしれない。それが国の別、大人、子どもの区別なく、人と人が、異質なものが交じり合いながら、学び合いながら、育ち合いながら、共に生きていくなかに人としての豊かさが生まれるのかもしれない。

多様な価値観の中で、人間的な価値観を見失うことなく、常に他者から学び直しながら生きていきたいと、サチコール村の子どもと村人たちと接しながら、胸が熱くなる。

ゆっくりゆっくり……サチコール村は変化している。村のみんなで話し合って、自らが選択する道を歩みながら……。

「あんた、ここで死んでもいいよ」

二〇一〇年六月一日、ネパールより帰国、成田到着のまま会場へ直行。東京の保育関係者の方々が中心となって写真展の開催という、夢のような出来事が現実となった。

会場はまさに活気づいていた。大勢の準備の方々の協力体制に胸がきゅっとなった。美術家・中津川さんが展示をしていた。挨拶もそこそこに、並べられた写真たちに驚いた。写真は私にとって一人ひとりの生きている子どもたちと同じ存在。中津川さんのセンスを借りて居場所を見つけた一枚一枚の写真たちが、秘めていた輝きを惜しげもなく表出していた。

会を訪れた七十歳代の男性がじっくりと写真の子どもたちと対峙した後、語り出した。

「実は五ヵ月前に妻が突然逝ってしまいました。ほんとに突然で、呆然として涙も出ませんでした。五ヵ月たった今も涙が出ません。自分にはもう人間としての感情がなくなったのかとさえ思いました。でも、今日ここに来て、写真の子どもたちを見て、涙がぼろぼろ出ました。自分にもまだ涙を流す感情があったとほっとしています。よかった。ほんとによかった。ありがとうございました」

男性は深々とお辞儀をして帰られた。

写真展の写真の対象は圧倒的に子どもたち。ある人が「この村は子どもしかいないんですか？」と笑い話のような質問をするほど。

「大人はどうしているんですか？」

ごんごんのカメラは、いわゆるカメラ知識と技術はゼロ。レンズが何ミリ？　絞りは？　望遠は何ミリ？　何を問われても「はあ～」とチンプンカンプン。ごんごんのカメラは心のカメラ。心が勝手に動いて、勝手にシャッターを押すのだ。当のごんごんにさえはっきりわからない何かがあるのだろう。子どもたちの表情に吸い込まれてシャッターが動く。その結果でしかない。

それでも、長年通い続けていくうちに、家族の写真やお母さんの写真が増えていった。おばあちゃんにカメラを向けたとき「魂が吸い取られるからやめてくれ」と言われたことがあってから、何となく老人は避けていた。

そんなとき開いた写真展では「この村は男の人はいないんですか？」と問われた。

一年に五ヵ月しか観光ビザが取れず、ごんごんは五ヵ月を二度に分けてネパールで暮らし、七ヵ月を日本で暮らすようになった。定期的に通い始めてさえ、どこか男の人に向けてシャッターは切れずにいた。通い始めて十年もたった頃、学校の増築があり、男の人たちが毎日学校で建設工事に取りかかった。意を決して「働いているところ写真撮ってもいいですか？」と問うた。それ以外の人には何の断りもなくバシャバシャシャッターを切りながら、男の人に緊張する自分がおかしかった。いざカメラを向けると、みんなが急にフレンドリーに感じられ、どんどん男性村人と距離を縮めていった。

その頃、帰国時に、男の人たちに「今度いつ来るんだ?」と問われぞくぞくっとした。嬉しかった。時を同じくして、クリシュナが突然「あんた、ここで死んでもいいよ。俺たちちゃんと(死後のこと)するから」と言い出した。どういう意味かすぐにわかった。でも、そのまま言葉を返そうとすると号泣して泣き崩れそうで笑いに切り替えた。

「ワッハッハッハ……そろそろ私を殺す気?」。みんなも真意をわかりながら大笑いした。

「今はひろ子も立派な村人だ。いつ、ここで死ぬようなことがあっても弔うから心配するな。心配しないでずっとここに来て、ここにいてよ」。彼らがそう言っているのだ。

男の人たちの写真が撮れるようになった時期と重なっていることが不思議な気分だった。

それから、ちょっと緊張しながら、誰にでもカメラを向けシャッターが切れるようになった。長く沢山の経験を積んで、村で生きるための知恵の宝庫となっている長老たちの穏やかな輝きを見せる写真が少しずつ撮れるようになった。

そして、みんなが大好きな日本版の『大きなだいこん』(童心社)の紙芝居に、村人の顔写真を貼って、村で披露した。大騒ぎの大人気。毎日毎日読み、毎日毎日「あれ見せて」「読んで」と大人がヘルスポストを訪れるようになった。男の人たちも老人も。

「何で、俺のはないの?」とおじいちゃん。だって今まで写真を嫌がっていたでしょう。

「だから、写真ないよ」

「じゃあ〜今、写して」と直立不動の姿勢をとるじいちゃんがほんとにかわいい。

もう一回撮り貯めて、前回の写真と一緒に写真展しようかなぁ〜。元気な村の知恵袋、生きる先達の……と思っていたら、ＯＫバジからの手紙で一人の老人の死を知らされた。笑顔がとびきり上等で、美男子で、最高の写真が手元にある。これが遺影になった。信じたくない現実がここにある。その現実と「あんた、ここで死んでもいいよ」のクリシュナの言葉が、村人たちの心が重なり、有難くて有難くて涙がこぼれた。

登場人物を村人の顔写真に貼り替えた紙芝居

エピローグ　頼むよ〜、子どもたち！

二〇一一年三月一一日

二〇一一年三月七日から一三日までの予定で、私は仙台市内のビルの五階にあるギャラリーでネパール写真展を行なっていた。

三月一一日二時過ぎ、手伝いに来た二人の友人と共にギャラリーでお客さんとおしゃべりをしていた。二時四六分、突然、足元をすくわれるような大きな揺れがきた。「地震だ！」

それからの数分は、悲鳴と安否を気遣う職員の動きと周囲の物が倒れる音と建物のきしむ音で騒然となった。とっさにもぐった机の下で友人と抱き合いながら、ワイヤーでつられた壁の写真が裏に表にもんどりうつ様子におののきながら、時間がとてつもなく長く感じられ、今にもビル丸ごと倒壊しそうな揺れの中で死を覚悟しながら「止まって〜止まって〜お願い〜お願い〜」と心の中で祈り続けた。

その後の数日は、ライフラインが断たれた不便さと余震の恐怖を、誰とでも声をかけ合うことでぬぐい合っていた。耳に入ってくる携帯ラジオの告げる津波の被害はおどろおどろしく、どの言葉もどこか遠い世界の出来事のようだった。やがて、電気が復旧し、映像が飛び込んできたときから、すべてが一変した。その時から、時が止まり、目からの刺激も、耳からの刺激も、肌からの刺激も、頭が五感の刺激をすべて拒否し、心が鉄の扉でシャットアウトされたように感情が薄れていった。テレビにかじりつきながら、両手で現実を遠くへ押しやるように距離を保ち、無感情になって見つめ、必死で自分を守ろうとしていることが情けなかった。

電気、水道、ガス、食べ物、ガソリン、ないないづくしの日が始まった。九一歳の一人暮らしの母への対応や身辺のことだけで、ぼんやりと何もしないで日々が過ぎた。ライフラインが復旧し、生活が通常に戻りつつも、津波の被害の尋常ではない現実が日ごとに押し寄せてきて、まるでこの世のものとは思えなかった。心と体がギクシャクしている自分に気がついた。

「こうしてはいられない。何とかせねば。何かをしなければ。私がやれることは何？…」。突然もがき出したものの、思考と行動は空回りするだけで、何もつかめない。焦れば焦るほど心は沈んでいった。情報が少しずつ入り、被災した保育園に絵本を届けたり、知人宅の片付けの手伝いなど、必死に動こうとしたが一人では怖く、友人や知人の協力を得て何とか動き出した。だが、動いている間は気がまぎれたが、終わるとまた落ち込んだ。じっとしていると得体の知れない恐怖にさらされた。小心者の無力な自分が暴かれているような、自分の弱さの爆発にも思えた。被災地に足を運んでも、何を見ても、どこへ行っても、涙も出ず、自分で自分が怖くなってきた。

いのち・生命

被災地が目と鼻の先にありながら、情報はテレビやマスコミを通すことがほとんどだった。時と共に被災者の心の叫びがつらかった。助かった命への感謝は次第に、目の前でつないでいた手と手が離れた瞬間に……「助けて〜」という叫びを耳にしながらどうすることもできなかった自責の念に……あらゆる命への思いが嘆き、苦しみとなり、助かった自分の命さえ喜べない状況に陥っている様が報じられていた。その一つひとつの言葉が自分の命と重なる思いだった。

いのち……命……生命……生きるとは……深い思考もできなくなった頭で堂々巡りをしていた。なのはな園で出会った、沢山の障害を抱えながら生きている子どもたちの一人ひとりの顔が浮かぶ。幸いにもなのはな園の子どもたちは全員無事であることがわかった。しかし、医療的ケアの必要な子どもたちは、ライフライン切断で命の危機と向き合う日々を送っているに違いない。何事もなく園に通っていたときでさえ、常にそういう現実の中で生きている子どもたちだった。子どもたちから学んだことは沢山ある。その根本は、たとえ人工呼吸器をつけていようと、様々な医療的ケアを受けながらであろうと、そのすべてを含めて心臓を動かし続ける力は本人の生きる力そのものである。ケアを必要とすればするほど、他者の助けを必要とし、それを求め、他者に訴えかける力が生きる力でもあると思う。心臓を動かし続けることはまさに、他者とつながり続ける力でもあるに違いない。

人は誰でも一人では生きられない。命は人と人が向き合ってこそ育めるものであると思う。だから、子どもたちは障害が重ければ重いほど輝いているのだろう。その輝きは「あしたも生きるぞ〜」

というとびきり大きな希望につながる。あした、あした……の夢につながっていく。鈍麻な大人の感覚・感性を揺さぶりながら……。

いのち……命……生命……生きる……その言葉の一つひとつが被災地の人々の命、自分の命と重なってきた。人と人のつながり……絆……東北の地に根付いている隣組、地域コミュニティーはこの空前絶後の現実の中で、今ここから一歩を踏み出す力になるに違いない。あしたを見つめるエネルギーになるに違いない。

避難場所を訪れた友人が話していた。「やっぱり大変で言葉がかけられない。帰り道、子どもが地面で友達と石ころで自動車ごっこをして遊んでいた。涙が出たよ。玩具も何にもないんだよ。可愛そうだよね」。その時は何の言葉も出なかった。でも、でも、それからなぜかちょっと希望が湧いてきた。だいじょうぶだ。子どもたちは石や土をいろんなものに見立てて遊べる力、想像力、創造力を持っているではないか。友達と向き合える環境があれば、そこからきっと、希望が湧いてくる。「○○ちゃん、あした△△してあそぼう！」と土と水と石と太陽と草花に囲まれて、あしたへの約束が生まれているはずだ。今は遠くの希望は見えなくても、将来の夢は描けなくても、あしたがある。あしたに託す約束があれば、必ずその先に希望が湧いてくる。みんなと創っていく力が結集される。

支援とは

被災地に自分はどんな支援ができるのか自問自答すると同時に、私は全身で「ネパール」という言葉に拒否反応を示し始めた。「ネパールではない。日本の大惨事に立ち向かわねば」と焦ってもいた。被災地のための炊き出しの間にも、誰かにネパールのことを言われると耳を覆ってその場から立ち去った。ネパールからの便りに返事も書けなかった。

そんなとき、OKバジから届いた一通の手紙。

写真が同封してあった。「負けるな　がんばれ」。OKバジに教わりながら書いたと思われるたどたどしい文字をかかげた村人たちの姿だった。「がんばれ」という言葉は日頃あまり好きでなかったけれど、このときは心から素直に「負けない、頑張る。踏ん張るから」と力が湧いてきた。そうだ、OKバジはいつだって「自分のしていることは支援とは違うような気がします。恩返しですよね。村が自立していくための、ほんのちょっとしたお手伝いのようなものをさせていただいてるのですよね」と語っていた。「村人たちの心と日本の人たちの心を結ぶ架け橋」それがバジの活動であると、山道を歩くバジの後ろ姿を追いながら山ほど学んできたはずだった。

その手紙を追いかけるようにして再びバジからたよりがあった。「自分たちは何の支援もできないけれど、一〇八本のろうそくを灯し、祈ることで心を届けます」。三ヵ所の村で追悼・激励会が行われたという。その後も数ヵ所の村で行う予定だということも。世界中の人びとがこの大災害を悼み、日本に物心両面の支援を送り届けているニュースを毎日、目に、耳にしてきた。バジの村人たちとの向き合いの一コマ一コマが怒涛のように頭をめぐり、「ネパールと日本の絆、人と人との絆」それが今こそ、ここ被災地が踏ん張って一歩を踏み出す大きな力になることに、やっと気づいた。そう気づくと感じていた焦りが少し落ち着いてきた。状況に即しながら、自分のやれることをじっくり見つめていこうと思えてきた。

真の自立を願って、ＯＫバジが村人と共に語り合い、考え合い、笑い合って村おこしをしている姿が浮かぶ。どんなに貧しく厳しい現実でも、人と人との向き合い、つながりがあれば、小さな小さな一歩から希望は必ず生まれる。村人とバジの共に歩む姿は、それぞれが心の豊かさにあふれ、幸せそうだ。そこに居合わせることで、私も本当に幸せだった。誰にも居心地のいい居場所がそこにはある。ここ東北にも必ず取り戻せる。人は人との出会いの中で学び、気づき、喜びや苦しみを共にしながら生きる力を蓄えていくのだろう。今、ここから、私も……。

沢山の人と出会って
沢山の人の力を借りて
沢山の失敗をくりかえして
沢山の涙を流して
沢山の人とつながって
沢山の人に感謝して

泣いて、笑って、怒って
大人になれない保育士は
「ひと」になりたいと夢を追う
この世がだめなら、あの世でも
まだまだ保育士続けるぞ〜
頼むよ〜、子どもたち！

津波で何もかも流された住居跡に黄色いハンカチが翻る　仙台にて

〈解説〉

保育という営みの原点

加用文男（京都教育大学）

ごんごん

なんと言っても面白いのは「ごんごん」の由来です。桜井さんがごんごんと呼ばれていることは『揺らぎつつ子育て─仙台・かたひら保育園物語─』（ひとなる書房）で知っていましたが、由来を詳しく知ったのは今回が初めてです。呼び捨て呼称「さくらい」騒動の余波から、ある日突然、さくらいはごんごんになった。ももちゃんが、登園するなり「ごんごん、おはよう」と挨拶してきたときからだという。騒動のこういう落着の仕方が本書前半のハイライトです。

ごんごんは子どもの思いや自由を最大限、尊重したいと思っている、というより、体の奥底にそういう感覚を宿しているというべきでしょうか。その尋常じゃない感覚は、ようへい君に三台のミニカーを独占させた事件や、子どもたちの勝手にさせた瑞宝殿の実践など随所に見られるけれど、笑えるのは、送迎の保護者が玄関口で「先生の言うこと聞いて、いい子でいてよ」というのを聞こうものなら、後を追いかけて「今の言葉ちょっと違います……」と訂正に走るという。凄腕ごんごんの真骨頂というか、子どもより子どもみたいと苦笑されるごんごん。

　ごんごんは、そのとき、そのときの瞬間に「あれ？」とか「どうして？」とか「そんなんだめよ」と思うことがあったら、黙っていられない。体がうずき出して、思うより先に突撃していく。その思いはもちろん後で思い出しても決して間違っている訳じゃない。でも時にはどこか空回りすることがある。空回りして、そこで、空回りしていることに気づかされたごんごんがたじろいで「どうして？」とふん詰まっていたら、「ごんごん、おはよう」みたいな思わぬところから虹が射してきて、理屈の解決を遥かに超えた次元で解決（？）されていく。保育の場の真実のゆくえっていうのは、こういうものなのかもしれない（？）と僕らは脱帽する。

　何が何でも笑わせてやろうとしてますます表情を硬くさせてしまったよう君が、としぼうの働きかけで笑い出す。

　散歩の行き場所をめぐって議論になって、泣いた子どもに同情してあっさり意見を変えた子どもたちに納得できず、泣き真似までして突き当たっていって、後でもんもんとするごんごん。夜、布団の中で自分の考えの浅さに思い至り、朝、担任にわびたら、担任、豪快に「わっはっは……」。あとで子どもたちも「わっはっは……」。

　としふみ君のわがままをとがめようと意地悪対応。大泣きしても許さない。そしたらあゆみちゃんの声かけであっさりとしふみがお布団片付け、おやつの準備を始める。誰が保育士なのか？　とごんごんは自問する。

こうやって、ズボン事件は？　「ごんちゃんがこわい」事件は？　責められだいき君のかっこいいリレー姿は？　と一つひとつのエピソードが紆余曲折を経て進んでいく様が描かれていき、子どもたちが豊かに生きた軌跡として、読者である僕たちの記憶にくっきりと刻まれる。荒馬の泣き事件は、ごんごんが泣き虫ごんごんでもあり、嬉しいときや悲しいときだけでなく、謝罪のときだって子どもみたいに泣くごんごん。そこで子どもに「泣いたってだめだ」と言われて、建具職人だったというお父さんがごんごんに憑依して登場する。

生きていたらいろんなことに出会うから、一喜一憂したり、ふとたたずんで悩み出す。ここで消極的に悩むか、未来に突き進むように悩むか、分かれ道。生きていることはすごいことだと思えるような経験はどっちの道から出てくるのか？

一人旅

かれこれ四十年近く前になりますが、私の曾祖母は百三歳で永眠しました。百歳を超えるまで生きる人は当時はかなり珍しかったらしく、曾祖母（ひいばあ）は県知事から表彰され銀杯をもらったほどでした。でも、ひいばあは百年の間あの地（高知県中村市八束村）を離れたことがないのです。百三年間半径二十キロで生きてきたということです。驚くべきことです。まるでアリのようだとひ孫たちは笑っておりましたが、私などにとっても当時の田舎はすごいところでした。

県庁所在地である高知市に出ようとすると、村を日に二便しか通らないバスに三、四十分乗ってやっと中村市のバスターミナルに着き、ここでバスを乗り換えてまた二時間弱、そうしてやっと窪川という駅にたどり着き、ここから汽車（電車ではありません。ヴォーと煙吐いて進む汽車です）に乗って三時間あまり、それでやっと高知市に着くのです。子どもの感覚では人間が実際にたどり着ける限界地が高知市でありました。大阪とか東京は遠く太陽系や銀河系の彼方にあるパリやニューヨークと同じで、ほとんどあの世に近いところにあるような印象でした。

五年生の頃、そんなところに住んでいた私が一人で汽車に乗ってなんと大阪まで出かけたことがありました。大阪に住んでいた叔父さん（母の弟）が夏休みに遊びに来いと言ってくれた甘言に乗ってしまったのです。高額な汽車賃は私の分しかないので一人旅です。後日親戚の叔母さんから笑い話として聞いたのですが、行くと決まった翌日から私の普段の言葉が急に標準語に変わっていた（笑い）、というのですからかなり気合いが入っていたはずです。それでも大冒険で、高松からは連絡船に乗り、宇野で乗り換えて大阪へ、天王寺へ、そこからまた叔父の自宅のある駅にたどり着き……大変な一人旅でした。たどり着いてからの数日間はほとんど毎日、大阪のデパート見物に明け暮れました。なにしろ三階以上の建物は初めて見るものでしたし、エスカレーターはまるで現代のジェットコースターのようなものでした。毎日何十回も乗り降りしました。

そうこうして数日経っていくうちに、さすがに暇をもてあそぶ素材に欠いてきて、叔父さんの家の近くを一人でぶらぶらしていたら、ある小学校の前に出ました。子どもたちのわーわーという歓声が聞こえてきます。夏休みなのに何やってるんだろう？　金網越しにのぞいて見たところ、プールのようでした。ああ、あれが写真で見たことのあるプールというものか……川じゃないのに泳げる水たまりがある。行ってみよう。

さっそく出かけてパンツになってプールにドボン。気持ちいい。やっぱり夏はこれだぜ。ちょっと泳いでは、またドボン。そうこうしているうちに周りの視線が微妙におかしいことに気づきました。他の子どもたちやプール指導に当たっていた先生たちからすれば、ふと気づいてみれば、水着じゃなくてただのパンツで飛び込んでいる子がいて、しかもその飛び込み方が普通じゃない。プールに飛び込む飛び込み方じゃなくて、まるで崖の上から谷川に飛び込むようなやり方でバシバシ飛び込むし、風貌も一見して大阪あたりの上品な育ちの子たちとはかなり違っている。日焼けのレベルが違う。どこかから人間みたいな猿でも来たのか？　まさか？　みたいな大勢の視線でした。なんかやばい雰囲気だと察して、すぐさま遁走しました。

言葉も習慣も違うまったく知らないところに一人で出かけていって、やりたいように振る舞って帰ってくるなんていう経験、私の場合、思い出してみて当てはまるのはこれくらいです。人生の後半期に入ってから、職も辞して、単身で、言葉も通じないスリランカ、ネパールへ。障害児通園施設「なのはな園」から園長にと請われたときも「私、ネパールに行ったり来たり続けます」と言い張るような腰の入れ方。

桜井ごんごんは、なぜにスリランカ、ネパールに飛んだのか？

当初、桜井さんが入れ込み始めたのは一九九〇年代末と知って、つい私は自分の経験と重ねて理解しようとしました。

一九九〇年代末

私は子どもの遊びの研究者として、保育関係者から頼まれてよく講演をしていました。遊びの話ですから、あちこちの保育者から聞いてきた面白おかしい話をつないで会場で笑いをとる、これが仕事の一部でした。面白かったと言われると調子に乗って繰り返しているうちに、いつしか、なんか自分の足下が二、三十センチ浮き上がっているような妙な違和感がわいてくるようになりました。スランプというやつです。それは自分の力量の至らなさのせいだろうと思い続けてきたわけですが、必ずしもそれだけではなかったのかもしれない。一九九〇年代末頃からのことです。

今、障害者自立支援法、介護保険法と連なる形で「子ども・子育て新システム」が法案として提示されようとしています。保育の商業主義化です。この動きは最近になって突発的に生まれてきたのではないと思います。以前から少しずつ準備されてきていたという印象があります。一九九三年頃から保育所はそれまでの必要悪施設的な扱いから絶対的な必要施設へと厚生労働省も認めるに至った経過がありますが、同時に保護者のニーズ論が大きく叫ばれるようになり、保育所は十分な財政的保証もなくこの要求に応えざるをえない立場に置かれました。非常勤職員に大きく依拠せざるをえない保育の長時間化の進行と、実質的な面積基準の改悪となる定員の規制緩和が進行します。公立園の民営化の動きも顕著になってきます。給食室の外部委託を可能にする動きも出てきます。こういう過程の中で保育の営みそのものもずいぶんと変えられていった面があるのではないでしょうか。

私は研究者ですから頭で理解するしかなかったわけですが、鋭敏な感覚を持って長年の経験を積んできた保育者である桜井さんたちは、もっと直接的な形で毎日毎日の子どもたちの姿、保護者たちの姿、職員同士の語らいその他の面から体にしみこむようにつかみ取られてきているはずです。そういう保育者が、保育ってそもそも何だったんだろう？　保育の原点は？……ひょっとして、それは今の日本にいるだけではわからなくなってしまうようなものだったのでは？　と考え始められても不思議ではないような気がします。

ごんごんは保育の原点を求めてスリランカ、ネパールに飛び立った。

これが当初の私の理解でした。でも……？　ほんとは、ちょっと違うのではないか？　重なる部分はあったとしても、ほんとうは少し違うのでは……。

OKバジ

本文によれば、桜井さんは職場で無理強い（笑い）の休暇願いを出してネパール旅行に三回、その後、職を辞してからは保育ボランティアとして今度はスリランカの重度障害児施設に三ヵ月（ここでスレッシユの笑顔に出会います）、帰国するやすぐさま一年間の赴任を希望し（笑顔を失っているスレッシュに再会しますが幸い回復、そしてかわいそうなチャミンダー、自力で立ち上がった小頭症のトゥシャニーに出会い、その後山奥の障害児全寮制寄宿舎に三ヵ月滞在、人の字になって歩くプッシュパーとニランティーたちに出会っています）、帰国してからすぐさま再び一年間の派遣願いを出し三度目のスリランカ、その後はネパールに毎年五ヵ月の滞在を十年間以上続けています。

「保育の原点を求めて」だけで、こんなにも長期に何度も何度も滞在しようとするものだろうか？　この理由を深く知ろうと、桜井さんが敬愛してやまない垣見一雅氏の著書『ＯＫバジ』（サンパティック・カフェ）を読んでみました。

垣見さんについての紹介は本文にありますので省きますが、彼が著書の始めのあたりで息子さんに宛てたという手紙が感動的です。最初にネパール行きを決心したとき（五十四歳頃）息子さんが尋ねたそうです。「お父さん、ネパールになにしに行くの？」、バジ「少年時代の復習に行ってくる」。二年ほど経ってから手紙で息子さんに「少年時代の復習はできましたか？」と問われて「できました」と答え、すばらしい星空のこと、あたたかい太陽のこと、美しい野道、ヒマラヤの山々のこと、そして村人たちがどんなにお父さんの心を満たしてくれたか、宝のような美しい心をあちこちで見せてくれたのだ……等々と返信手紙（父親が息子に宛てた手紙としてこんなに感動的なものにはめったにお目にかかれません）に綴っています。

高校教師であった垣見氏は「教育とは何か？」を深めようとしてというだけでなく、生きることの意味を問い直そうとして、というより少年時代のように生き直すべくネパールでＯＫバジとなった。

著書の中で垣見さんはネパールの抱える困難な課題も直視しながら、貧しいながらも自然と共に生きるかの国の村人の生き方の美しさを随所で描いていますが、たとえばこういう話が紹介されています。

ある日、カンチャという青年がかかとのすり減ったバジの靴を見て同情し、新しい靴をあげると言う。すり切れたその靴は実は元はドイツ製で一万二千円もしたものだったが、カンチャは一見してネパール製とわかる布製の靴を出してきた。しかし、それは残念ながら小さすぎた。

カンチャ「ノープロブラム、取り替えてくるから」。

翌日昼頃顔を出し「これなら大丈夫だろう」と言う。「取り替えに行ってくれたの？」「うん」「どこまで？」「タフーン」。えっ？と驚く垣見さん。往復五時間歩いてたどり着ける場所であった。垣見さんは書いている。

もし自分だったら、初めから靴をあげようとは考えなかっただろう。私の靴は、村人から見れば一見して立派とわかる靴。しかもドイツで買ったもの。これからあげようとしている靴はネパール製の布製。もし私だったら、こんなものをあげたら笑われるなどと、いらぬ思わくが働いたに違いない。彼にはそんなよけいな思わくはいっさいなかったのだ。

傷んだ靴。歩くときにきっと困るだろう。自分のは新しい、これをあげよう――

そして、なんの抵抗もなく往復五時間歩いて取り替えてくる。……

靴をはいてみた。大きすぎる。二十七センチだった。「大きすぎるよ」と私。

彼、一言「ノープロブラム」。

彼には足が入ればそれでいいのだ。ちょうどいいだの、ぴったりだの、そんなことはたいした問題ではないのだ。五時間歩いて行ってくれた申し訳なさ、そして、その好意に新鮮な驚きを感じながら、足を靴に合わせた。

とあります。こういう「純粋さ」と「ゆるさ」の調和が、現代日本の奇妙な現実に慣れてしまった我々には衝撃的でさえあります。

サチコールの村人たち

ごんごんは、保育の原点を求めてだけでなく、人間の生き方の原点を求めて、スリランカ、ネパールに飛んだのだろう。

すべてにおいて驚きの出会いだらけだったけど、ごんごんにとって意外に居心地のよい場だったようです。食べ物は質素だし回数も一日に二度。でも、旬の食材に美味なスパイス、慣れると待ち遠しい日々だったという。雄大な自然と太陽の下で、子どもたちや村人たちとの労働の日々のあとは毎日快眠ぐっすり。そしてなによりも、村人たちや子どもたちがごんごんひろ子を優しく受け入れてくれる。受け入れてくれるだけでなく、別れを惜しみ、再会を心から喜び、率直な涙で表してくれる。ついにはクリシュナに「あんた、ここで死んでもいいよ。俺たちちゃんと（死後のこと）するから」とまで言われるようになる。

本文から印象的な言葉を拾ってみます。

「よちよち歩きの子どもでさえ平気で鎌を振り回す。それ見て『危ない、危ない』と注意するのはごんごんだけ」

「子どもっぽい大人と、大人っぽい子どもたち」

「どの人が亡くなっても、みんなが号泣して、その翌日から、いつもの生活に戻る」

「大人も子どもも、みんなが労働の過程に参加し、そこで誰一人『教える』という言葉はなく、『一緒に行くぞ』という誘いの言葉だけだ」

「山道で倒れそうになったごんごんにさっと子どもの手が伸びてくる。後ろにも目があるのかと思わせる命を守る技」

「水が俺たちに苦労をくれるなあ〜」

「めったにけんかは起きないがやりだすとすさまじい」

「ひろ子が帰ったら、別の人も来てください。歩けない人でもだいじょうぶです。ぼくたちが歩けるようにします。でも、ひろ子も来れるようにしてください」

「花のかあさん」

「ここには遠い先の夢はなくても、毎日の暮らしの中にあしたへの夢がある」

「じいちゃんは何と五十キロも担ぐ」
「『本気のやる気』が熟するのを待つ」
「一日一捨」
「人は人を人にする」

……………………………………………

知足に生きる生の活力

日本にも、昔は、知足の風が吹いていただろうか？

少なくとも私の子ども時代（一九五〇年代）には、もうすでに風は萎えかけていたように思います。確かに、谷川からの水汲みや小さい子の世話は普通のことだったし、小遣いはウナギやエビやシジミ捕りで稼ぐものだった。鶏や牛など家畜の捌きは日常茶飯事でした。野外炊飯で、何か足りないものがあったら、どこかの畑から盗み取るのは普通のことでした。しかし、サチコールで桜井さんが日本の飴を渡したとき、五個しかなくて相手は十人、しまったと思っていたら、サチコールの村人たちはいきなりそれを石で砕いて、村人みんなにかけらが手渡され、みんなで口に入れて「おいしいねえ」……には絶句します。ある日、貴重な貴重な命の水ともいえる水が少なくなったとき、日本人の桜井は子どもたちに「水ちょうだい」と言われて断わった。ほんとうに底をついてきて、困り果てて村人にもらいに行ったら全部くれるという。ええ？　と辞退しようとすると、「隣からもらうから心配ない」という。

こういう感覚は、日本では百年前にもなかったように思います。もしもあったら「したきりすずめ」や「花咲かじいさん」などの民話が生まれるはずがない。不思議郷・ネパール。

カースト制度がまだまだ厳然と残存しており、デップの出稼ぎの話に出ているように市場経済の波が襲いかかろうとしている面もあるようです。先行きに微妙な感情を抱かされる面があるからこそ、「何もないところには何もできない」と言い切る「ふ〜ん、ふ〜ん」の現地人ＯＫバジの不思議な振る舞いが光って見えてきます。それでもやっぱり、サチコールの村人たちの振る舞いには驚愕させられます。

純粋さという点で、なんといってもすごいのは、持って行った絵本を平気で日本語まじりで読んで聞かせる桜井さんの度胸もさることながら、子ども相手に読んでいたはずなのに、近くで仕事していた大人たちがなだれ込んできて、真剣な目で喜び、歓声をあげるという姿。ごんごん曰く「まるで日本の保育園の一歳児の大群が押し寄せてきたみたいな騒ぎだ」。そして続けて「子どもっぽい大人たち。人間って面白い」とあります。『あひるのぴっぴ』は受けても『おんなじおんなじ』はだめだったというのも面白い逸話です。村人たちの子どもっぽさは、魚捕りの場面でも紹介されていて、大人たちが水の中で狂気の乱舞を見せ、桜井さんは「これぞ最高の教育現場。こんなに夢中になれる大人の姿に子どもたちは憧れる」んだと感銘を受けている。

人間の生き方の原点を考えさせられた桜井ごんごんが、教育って何だろう? 保育って何だろう? と自問する。

ごんごんは保育士として子どもに関わろうとして絵本も読むし、歌も教えようとする。でも、その結果はどうだろう。絵本では大人たちのすごい姿に圧倒され、歌では、あろうことか、子どもたちに発音が変だとゲラゲラ笑われて、逆にネパール語の指導をされ、ごんごんが歌うたびにおなかを抱えて笑い転げる子どもたち。通して歌えるようになると子どもたちの中に拍手と大歓声が起きる。そこにあったのは「正しいか、間違っているかの評価ではない。楽しく歌えるようになること」そのものを伝えようとする子どもたちの姿だったという。

誰が誰を保育しているのか? 明らかにごんごんは子どもたちに、そして村人たちに保育されている。大人も子どもも、小さい子どもも大きな子どもも、仕事に慣れた大人も慣れない大人も、みんな一緒にお互いを保育し合う。ひょっとしたら保育の基本は異年齢保育であったのかもしれないとさえ思わされます。厳しい自然の中での水汲み、草刈り……ここでもごんごんは、子どもに草を分けてもらいながらも、村人たちにそれでは「水牛が今日は泣くぞ」と大笑いされる。山羊追いでは、十歳のデップの指令で「○○はひろ子について帰れ~! 山羊は俺たちがみる~」と指導を受ける。まるで日本の園の散歩先でそうしてしまった子どもの扱いだ。

保育という営みは、教育の切り売りではない。保育する人が同時に子どもたちに保育されてもいるという、保育とはそういう営みであったはず。保育がこういう営みであることを支えていたものは何なのだろうか？　基盤にあるのはもちろん人間観そのものでしょうが、そのまた基盤をなしているのは知足に生きる人々の、そして、子どもたちの生の活力そのものなのではないか？

大人の指導的介入なんかなくても「子どもたちはしっかりと仕事の手順を身につけている。自然と向き合って生きる様々な掟を実によく知り尽くしている」、ごんごんの訳の分からない発音でも、歌だって絵本だって「おなかを抱えて笑い転げながら面白がる」し、崖っぷちにある高い木の上にスルスル登り、落ちてもちょっとくらいでは怪我さえしない。子どもたちを撮った写真が物語っているように、どの子も表情がすばらしくきれいで、足が汚い。活力に満ちた子どもの姿だ。四、五歳にもなれば立派に赤ん坊の面倒も見る。十歳の子どもがみんなの前で家畜を捌いてみせるし、草刈りや水汲みではごんごんなど足元にも及ばないほどの力を発揮する。慣れないごんごんに、村人たちは「ウワッハッハッハ……帰されたのか〜ウワッハッハッハ……」と高笑いする。

こうやって笑うじいちゃんたちが生姜売りになると五十キロも背中に担いで二時間も三時間も歩いて町まで出かけるのだ。クレヨン渡せば子どもだけじゃなく大人までのってきて描き始める。こういう、知足に生きているが故に味わえる、生きることへの根っこからの活力に満ちた生活、これが基盤を支えているのだろう。

保育士ごんごんは、人間の生き方の原点を問い直そうとして、スリランカ、ネパールに飛び、結果的に保育の原点に触れたのでしょうか。知足も知らない私なんぞに芯からの理解ができる話じゃないけれど「みんな子どもが教えてくれた」というサブタイトルにふさわしい保育をずうっと求め続けてきた桜井さん、ありがとう。ネパールの自然環境・社会環境が子どもたちにもたらしているものが何なのか、日本の子どもたちに返せるものが何なのか、力量不足で触れられなくてごめんなさい。悲しいけれど震災後の展望についても原発の恐ろしさに怒りで震えているだけの今の私には触れられません。

ただ一言、「しっかり根をはれ、ゆっくり芽を出せ」、この発達観が「『ひつじ』の歌」と呼応し合っているであろうことだけはわかります。

（二〇一二年三月）

加用さんの幼年時代

桜井ひろ子
宮城県生まれ。仙台市のかたひら保育園・ことりの家保育園に25年間勤務。「子どもに育てられた、大人になれない保育士」を自認。48歳で退職し、スリランカの重度障害児（者）施設でのボランティア、仙台市の障害児通園施設なのはな園園長を経て、ネパール・サチコール村へ。そこで保育の原点、人間育ちの原点を全身で感じ取り、以降毎年、5ヵ月間はサチコール村、7ヵ月間は日本で暮らす生活を続けている。日本にいる間は独自の支援活動と「出前保育士」をしている。
余分な分別を持たず、子どものように人々と交わる姿は、周囲をハラハラドキドキさせながら、いつも笑いと涙の人間ドラマの渦に巻きこんでいく。
著書『ゆらぎつつ子育て』（共著　ひとなる書房）
『ちょっとそこまでスリランカ』（ひとなる書房）
『花のかあさん私のかあさん』（サンパティック・カフェ）
『道を楽しむ　ＯＫバジと歩いた10日間』（サンパティック・カフェ）

装幀　やまだみちひろ

ごんごんの保育笑説
みんな子どもが教えてくれた

2012年4月30日　初版発行

著　者　桜井ひろ子
発行者　名古屋 研一

発行所　㈱ひとなる書房
東京都文京区本郷2-17-13
広和レジデンス
TEL 03（3811）1372
FAX 03（3811）1383
E-mail：hitonaru@alles.or.jp

印刷・製本／中央精版印刷株式会社
*乱丁、落丁本はお取り替えいたします。お手数ですが小社までご連絡ください。